MÉMOI

Henri TOMASINI

Mémoires

Une carrière bien mouvementée dans cinq
pays au nom du ministère des affaires
étrangères

ISBN-9798392784424

Préface

Henri. C'était mon oncle, c'était aussi mon parrain, c'était surtout un homme qui a eu une vie extraordinaire faite de voyages et de rencontres improbables.

Excellent joueur de cornemuse, certainement le meilleur en France, il aimait raconter ses aventures avec humour et simplicité. Doté d'un culot mais aussi d'une gentillesse à toute épreuve, il pouvait faire preuve d'un drôle de caractère. Nos relations étaient émaillées de franches rigolades et de fâcheries mémorables.

Après le décès de Marie-Claude qu'il a eu beaucoup de mal à accepter, il s'est mis à écrire ses mémoires. Cela l'a occupé pendant cinq ans. Il en parlait tout le temps. Un jour il m'a dit qu'il avait terminé. Pressée de les lire, j'ai été très étonnée quand il m'a annoncé avoir écrit une cinquantaine de pages. Cinq ans d'écriture pour si peu, avec la vie qu'il a eue. Je n'en revenais pas.

Quand il est parti, le 25 février 2022, j'ai pris connaissance de son travail. Effectivement c'était court, essentiellement factuel, peu d'émotions ou de ressentis et je n'y ai pas retrouvé toutes les anecdotes racontées notamment lors des longues soirées d'été en Corse.

Convaincue qu'il fallait donner vie à ces mémoires, j'ai repris toutes les versions, y compris son cahier manuscrit, en respectant ses choix et son style.

Ces mémoires sont donc destinées à ceux qui l'ont aimé, côtoyé, apprécié et qui gardent en mémoire tout ce qui n'y figure pas.

Laetitia Tomasini.

Avant-propos

Par ces quelques écrits, je souhaite faire revivre ce qu'a été ma carrière dans ce monde particulier qu'est celui de la diplomatie, ainsi que les moments heureux vécus avec celle que j'ai eu le bonheur de rencontrer et qui, malgré son combat contre la maladie, nous a quittés voici déjà quelques années.

J'en profite pour évoquer en première partie ma période de célibat jusqu'à la rencontre avec la femme qui partagea ma vie à l'étranger.

Ces écrits couvriront donc deux périodes de ma vie.

Une période de célibat relatant de nombreux séjours en Grande-Bretagne, en Ecosse notamment, plusieurs voyages en URSS, en Amérique latine (au Costa Rica et Panama), puis un retour à Paris après un riche périple aux États Unis.

Une seconde période qui débutera par ma rencontre, à Moscou, avec celle qui deviendra ma femme, alors qu'elle effectuait un voyage touristique en Russie. J'étais, à ce moment-là, accompagnateur de groupes de touristes pour le compte de l'agence

LVJ (Loisirs et Voyages de la Jeunesse), un travail provisoire que j'avais obtenu grâce à mes connaissances en langue russe.

Cette seconde période évoquera la vie que nous avons menée auprès de nos ambassades dans cinq pays... pas souvent faciles ! compte tenu des événements vécus notamment dans des pays en guerre, tant à Bagdad qu'à Panama... et ailleurs, avec, fort heureusement quelques retours à Paris, dans les services du Quai d'Orsay.

PREMIÈRE PÉRIODE

Après le décès de mon père survenu en 1954, lors de nos vacances annuelles en Corse, le retour à Paris n'a pas été si simple pour ma mère… En plus de son immense chagrin, elle avait à sa charge l'enfant turbulent que j'étais, ayant déjà fréquenté plusieurs lycées parisiens. Ma mère, bien conseillée, décida de me mettre en pension. Son choix se porta sur le lycée Hoche à Versailles. Un établissement de bonne renommée abritant quelques classes préparatoires aux Grandes Ecoles : St Cyr, HEC, Math sup et Math spé. Après des débuts difficiles, je m'étais fait à cette véritable vie de caserne. Je rentrais à Paris le vendredi soir pour y passer le week-end et repartais le dimanche soir avec ma petite valise remplie de bonnes choses pour la semaine. J'ai été très attiré par la « corniche Hoche » (classe préparatoire à Saint Cyr). J'ai vite été admis dans la salle d'armes et d'études de ces nouvelles connaissances ; je conversais librement avec ces nouveaux amis. J'étais devenu, en quelque sorte, la mascotte des « cyrards », sensibles à mon intérêt prononcé pour les affaires militaires !

Tôt le matin, dans la majestueuse cour d'honneur du Lycée, les cyrards répétaient pour le défilé du 11 novembre auquel ils participaient régulièrement chaque année. Costume bleu marine, gants blancs et calot bicolore : base rouge, partie supérieure bleu ciel avec, pour les « très vénérés anciens », termes utilisés selon les traditions de l'école dans les « bizutages », toutes sortes d'insignes métalliques accrochés sur les calots, chacun ayant une signification précise. Ces bizutages se déroulaient généralement dans les jardins du château de Versailles, souvent à l'heure du déjeuner. Ils comprenaient un ensemble d'ordres que les bizuts devaient exécuter. Nommés « pékins de bahut » par les « très vénérés anciens », ils devaient, par exemple, faire des déclarations d'amour à de jeunes passantes et parfois rassembler leur paquetage et le porter sur leur dos.

J'ai parfois réfléchi (certes, bien tardivement) à mon avenir professionnel... Une carrière militaire ?... Pourquoi pas. Ayant rencontré, par la suite, au cours de mon circuit diplomatique, quelques attachés de défense nommés auprès de nos Ambassades... peut-être aurais-je dû choisir St Cyr section langues vivantes ! Une carrière militaire ne m'aurait sans doute pas déplu !... Mais, je ne me plains pas, ma carrière auprès du ministère des Affaires Etrangères m'aura donné entière satisfaction !

LA GRANDE-BRETAGNE

Herne Bay, Kent : premier contact avec l'Angleterre (1962)

Au lycée Hoche, dans le cadre des échanges linguistiques avec des pays européens, j'ai fait la connaissance d'un certain Peter Clough, cadet de l'armée britannique, très élégant dans son uniforme. Très *british*, il est devenu mon *pen friend* (correspondant épistolaire).

Durant son bref séjour à Paris, nous avons fait quelques visites ensemble : le Louvre, le musée de l'Armée, Versailles etc… Nous avons projeté de nous revoir en Grande-Bretagne.

Ayant trouvé, grâce à l'aide d'une parente enseignante d'anglais, une famille d'accueil à Herne Bay (dans le Kent), j'ai ainsi effectué mon premier séjour Outre-Manche. Peter Clough et moi nous étions donnés rendez-vous à Londres pour y passer une journée ensemble afin de me faire découvrir cette capitale. J'ai été vraiment émerveillé par les fastes de la couronne, notamment l'élégance des régiments de la garde royale à Buckingham Palace. J'ai, bien entendu, voulu prendre quelques photos pour marquer cette journée. Un officier du régiment des *irish guards* (régiment irlandais de la garde) en grand uniforme, traversant Hyde Park (le parc qui aboutit à Buckingham palace) a bien accepté de poser pour une photo, alors qu'un autre, refusant la photo, m'avait répondu avec mépris dans un anglais très pur : "*Sorry, I am not a film star*" ... c'était pour moi une bonne pratique de l'anglais !

Non loin de chez nous, tout, dans ce pays y est tellement différent ! Ce séjour aura été pour moi assez extraordinaire : autre décor, autre mode de vie, marquant le commencement d'un véritable intérêt pour l'Angleterre. J'avais 18 ans et c'était mon premier contact avec ce pays. Comme je le précisais, j'avais donc été accueilli dans une famille, à Herne Bay, une petite localité en bord de mer, dans le Kent. Tout se passait bien, mais, mes promenades nocturnes avec quelques français de mon âge ne convenaient guère au maître de maison de cette famille d'accueil qui souhaitait me voir rentrer à 20h30 chaque soir. Considérant que j'étais libre de rentrer à l'heure de mon choix, j'ai refusé et me suis donc retrouvé à la rue ! J'ai alors trouvé refuge auprès de l'Armée du Salut qui donnait chaque matin un petit concert au centre-ville, en attendant de bénéficier d'un autre gîte. Cela n'aura pas tardé car on m'a vite indiqué une bonne adresse… une jolie maison au toit de chaume, perchée sur une falaise (*a thatch cottage*). Cette maison était tenue par une certaine Mrs Griffiths dont le mari, à Londres durant la semaine, n'apparaissait que pour les week-ends. Il était propriétaire d'une fabrique de tapis. Mme Griffiths avait deux filles et pratiquait un élevage de chiens d'une race particulière… des *basset hounds* (bassets artésiens). J'ai été accueilli au mieux dans cette nouvelle famille. Mme Griffiths connaissant mon intérêt pour la race canine libérait, à mon grand plaisir, une horde de chiots qui, sautant sur mon lit, venait me réveiller chaque matin.

Le soir, je retrouvais un groupe de français qui, comme moi, séjournaient dans des familles, dans le but d'apprendre l'anglais. Pour rentrer chez moi, il me fallait passer devant un groupe de ces redoutables *Teddy boys* (les blousons noirs de chez nous) qui, à l'époque, semaient la terreur dans toute la région. Assis sur leurs motos, en général de marque « Triumph », vêtus de blousons de cuir noir, très arrogants, ils s'en prenaient à la population et avaient souvent maille à partir avec la police. Fort heureusement, ils m'avaient à la bonne et semblaient ravis lorsque je les croisais, en rentrant chez moi, de discuter avec un étranger !

Du rugby à la découverte de la cornemuse

Parmi les lycées que j'ai pu fréquenter il me faut citer mon tout premier : le lycée Voltaire, puis le lycée Jacques Decour, situé au square d'Anvers, au pied de la butte Montmartre, où j'ai eu la chance de rencontrer un certain Yves Demarais qui est devenu un ami et avec qui j'ai repris contact à mon retour de l'étranger et enfin le lycée Buffon. Ne voulant pas entendre parler de « retraite », Yves Demarais continue d'exercer sa profession de rhumatologue. C'est grâce à lui que j'ai connu ma grande période de rugby. Excellent joueur, il m'a encouragé à pratiquer ce sport et à rejoindre l'équipe de son club nommé le « SCUF : Sporting Club Universitaire de France ». Ce club avait pour président un certain docteur Martin, nommé par la Fédération Française de Rugby, médecin officiel du XV de France. C'est ainsi que j'ai pu faire de nombreux voyages en Grande-Bretagne où se disputaient les matchs du tournoi annuel des cinq nations. Les villes d'Edinburgh, Londres, Cardiff et Dublin en République d'Irlande m'étaient devenues bien familières. Le docteur Martin faisait toujours en sorte que l'équipe de son club puisse bénéficier du vol officiel de l'avion du XV de France. J'ai pu y croiser les grandes vedettes du rugby des années 60 : les frères

Boniface, connus pour leurs passes croisées qui surprenaient l'adversaire, Albaladejo, Roques, Bouquet, Gachassin etc. En Grande-Bretagne, mon équipe était traditionnellement reçue par une équipe locale avec laquelle nous disputions un match avant d'aller assister ensemble à celui officiel du tournoi des cinq nations devenu tournoi des six nations depuis l'adhésion de l'Italie. C'est de cette manière que j'ai effectué mon premier voyage en Ecosse. J'ai souvenir notamment d'une soirée officielle passée en l'honneur du XV de France dans un des hôtels de luxe d'Edinburgh, le *North British Hotel*. Dès l'entrée, nous avons été accueillis au son d'une cornemuse, l'instrument traditionnel de l'Ecosse que j'entendais pour la première fois. J'ai pas mal discuté avec le *piper* (cornemuseux) qui m'a vivement encouragé à apprendre à jouer de cet instrument. Il a déclenché chez moi une véritable passion pour cette musique.

Nous avons disputé lors d'un autre voyage un match avec une équipe locale à Lasswade (banlieue d'Edinburgh), dans le cadre d'un France-Ecosse qui devait se dérouler à Edinburgh sur le stade de Murayfield. Logé comme souvent chez l'habitant je me suis trouvé dans une ferme où m'ont accueilli deux gaillards qui faisaient partie de l'équipe que nous allions rencontrer. L'accueil fut très chaleureux. Il faisait froid et j'ai eu la surprise de découvrir les couvertures branchées électriquement. Le père de ces deux gaillards était, comme par hasard, un ancien *piper* militaire ayant appartenu au régiment des *Scot Guards*, le régiment écossais de la garde royale. Quelle n'a pas été ma surprise, le lendemain matin, quand j'ai été réveillé au son de ce noble instrument. Le père n'avait pas joué depuis longtemps, mais, pour me faire plaisir, il avait ressorti de son grenier sa cornemuse et joué deux ou trois morceaux traditionnels dans la cour de la ferme. Je m'étais promis d'apprendre et me suis procuré sans tarder un *practice chanter*, (l'instrument de base pour les débutants) ainsi qu'une méthode de solfège du *College of piping*, l'institution maitresse en la matière ! Sept ans sont nécessaires pour jouer correctement de cet instrument.

Mon ami Demarais avait comme moi une passion pour l'Angleterre et surtout la région de Bristol dans le Somerset (pays du cidre) dans le sud-ouest de l'Angleterre où il avait séjourné à maintes reprises. Il m'a proposé d'aller faire un tour dans cette région. Nous avons donc envisagé d'effectuer ce voyage. Disposant de suffisamment d'argent, il avait acheté, à bas prix, une voiture au marché aux puces de Montreuil et, c'est avec cette voiture, une Simca Fiat de 1937, que nous sommes partis faire cette virée dans la région de Bristol.

Initiation à la cornemuse

J'ai fait d'autres voyages en Grande-Bretagne, à commencer par Édinbourg qui aura été, on peut dire, avant Glasgow, mon premier point d'attache en Ecosse. J'ai notamment eu la chance de faire la connaissance d'un célèbre *pipe major* de l'armée britannique, John Mc Lellan, Directeur de l'*Army School of Piping* logé dans une jolie maison de fonction située au cœur même du château, comme c'est la tradition pour les militaires de haut rang. A son décès, un banc portant son nom a été placé au cœur du château.

J'ai par cette même occasion rencontré un jeune Breton, Pascal Heurion, qui suivait des cours de cornemuse au Château et qui m'a conseillé d'acheter cet instrument qu'il avait vu dans un magasin d'antiquités du *Hay Market*, une rue située dans la vieille ville, près du château. Je l'ai écouté et fait l'acquisition de ce bel instrument, une occasion rêvée !

Cette cornemuse de marque Glen (une des marques les plus prisées) fabriquée en 1860 était en parfait état en *black african wood*, bois très dense de la famille de l'ébène et ivoire. Je l'ai conservée avec soin depuis mon achat. Etant à Edinburgh j'en ai profité pour me rendre à la boutique « Glen » qui se trouvait dans le *Royal Mile*, rue menant droit au château. J'avais payé ce magnifique instrument 15 livres sterling et M. David Glen voulait me l'acheter pour la somme de 500 livres ! ce qui, à l'époque représentait une belle somme. J'ai bien sûr refusé. Ce Monsieur Glen faisait partie de l'ancienne génération du *world of piping* : monde de la cornemuse. Son fils travaillait dans l'arrière-boutique et réparait des instruments en mauvais état. Son père tenait la boutique, mais il ne courait pas après l'argent. Il a même refusé de vendre une cornemuse à deux américains qui lui demandaient le prix d'une *pair of pipes* qu'ils avaient vu en vitrine. M. Glen leur a répondu qu'il s'agissait d'un *set of pipes*. Il leur a finalement vendu une méthode accompagnée d'un *practice chanter* pour débutants.

Revenons-en à ce jeune breton dont je parlais et qui est malheureusement mort dans un accident de voiture. Il m'a beaucoup aidé en me forçant à apprendre le solfège, seule condition pour jouer avec moi. C'était un bon conseil car je me suis donné pleinement à l'étude de cette musique. À dater de ce moment, cet instrument ne m'a jamais quitté !

Ma cornemuse a beaucoup compté pour moi et m'a même suivie durant mon service militaire où il m'avait été demandé de jouer dans une soirée donnée au mess des officiers afin d'accueillir le nouveau représentant la Grande Bretagne auprès de l'Ecole de Guerre, un officier du célèbre régiment écossais la *Black watch*. Cet officier a été on ne peut plus surpris, d'autant que j'ai joué la marche de son régiment *Highland Laddie*.

Il convient de préciser que cette musique traditionnelle a été conservée grâce à l'armée et que la cornemuse s'appelait, à l'origine *war pipes*, cornemuse de guerre. Elle menait les troupes au combat et, à la suite du nombre important de *pipers* tués pendant la première guerre mondiale (environ 500), le ministère de la Guerre avait interdit durant les combats le son de la cornemuse. Cela n'a pas empêché un certain Lord Lovat de débarquer en Normandie le 6 juin 1944 au son de la cornemuse joué par son *piper* privé !

Lors de mes nombreux voyages en Grande-Bretagne, notamment à Londres, j'ai découvert dans le quartier de Soho un magasin nommé Alexander, le seul magasin à Londres vendant des articles indispensables au fonctionnement et à la maintenance d'une cornemuse. Et alors, chose curieuse en allant vers ce magasin, j'ai emprunté une rue nommée Shaefsbury Avenue qui mène à Picadilly Circus (au cœur de Londres), et en entrant dans un des porches, sur mon parcours, j'ai découvert, à ma grande surprise, une plaque en marbre signalant la tombe du roi de Corse Théodore de Neuhof qui avait régné sur l'île pendant deux ans permettant ainsi à la Corse d'avoir accès aux cours européennes. Qui allait penser qu'il serait enterré en plein centre de Londres ? L'histoire n'a pas de frontières !...

Dans ma période de séjours à Édimbourg, j'avais un ami très écossais, on ne peut plus nationaliste : durant toute sa vie, il n'a jamais porté de pantalon, le kilt était son vêtement quotidien. Il tenait un magasin près du château ; son nom était Gordon Stobo. Dans ce magasin, il vendait des kilts, du matériel pour cornemuses, des anches notamment. Son magasin était un lieu de rencontre des militaires de la garnison du château qui venaient s'approvisionner. C'était en quelque sorte le quartier général des *pipers* militaires du château. Appartenant à la franc-maçonnerie il m'a un jour proposé de me parrainer. N'étant pas intéressé, j'ai, bien sûr refusé cette proposition.

Gordon a effectué un voyage à Paris dans le cadre de son commerce de tissus écossais (tartans) avec les grands magasins. Nous sommes allées un soir dans un restaurant près des Buttes Chaumont et Gordon goûta pour la première fois un plat d'escargots après bien des hésitations.

Gordon qui séjournait depuis des années dans ce quartier historique du *Royal Mile* a rencontré, un jour, une australienne dont il s'est épris, au point de tout quitter : la femme avec laquelle il vivait ainsi que le magasin ! Il s'est marié et a décidé de partir vivre en Australie. Il est décédé là-bas peu de temps après.

Il m'avait un jour téléphoné à Paris pour m'indiquer qu'un festival de musique militaire internationale aurait lieu, Place Vendôme, et que la police d'Edimbourg et le *pipe band* du régiment des *Royal Scots dragoon guards*[1] allaient y participer. Le *pipe band* de la police était alors dirigé par un certain Iain Mc Leod ami de Gordon qui, selon la tradition avait joué pour son mariage. J'ai bien sûr fait sa connaissance, me rendant à l'hôtel indiqué. Le *pipe band* était prêt. Le *pipe major* m'a reçu bien cordialement et m'a invité à me joindre au groupe dans le car qui les emmenait Place Vendôme. Un vrai plaisir pour moi !

J'ai eu la chance de rencontrer durant cette période (une période « *piping* ») un *piper* militaire qui jouait en grande tenue devant le magasin du « Bon Marché » pour une quinzaine commerciale. Les Ecossais faisant de la publicité pour la marque de whisky « Dewars ». J'ai ainsi fait la connaissance d'un certain Willy

---

[1] Ce régiment de cavalerie lourde avait participé à la bataille de Waterloo. Il était nommé à l'époque *Scots Greys* du fait de leurs montures de couleur grise. À Waterloo, ce régiment avait pris un drapeau à un régiment français. A l'heure actuelle, ce régiment porte comme insigne sur sa coiffe (appelée Glengarry) l'aigle impérial napoléonien.

Cochrane qui avait été le plus jeune *pipe major* de l'armée britannique. Je faisais partie à cette époque d'un groupe de danses écossaises « Le chardon d'Ecosse » qui répétait à l'église écossaise de la rue Bayard. Le groupe m'a rejoint devant le Bon Marché et nous avons donné une véritable démonstration.

Je l'ai retrouvé tout à fait par hasard vingt ans plus tard à Kiev durant mon séjour en poste en Ukraine.

En effet, l'Ambassade de Grande-Bretagne en Ukraine célébrait chaque année sa fête nationale. C'était à l'occasion de l'anniversaire de la reine. Un *piper* appartenant à un régiment écossais était invité chaque année. J'ai ainsi connu cinq *pipers* durant mon séjour en Ukraine, dont Willy Cochrane. Il nous a, par la suite, invités, mon épouse et moi, à dîner à son domicile à Londres. Puis nous nous sommes revus à Glasgow aux championnats du monde de *pipe bands*.

J'ai réussi à rassembler quelques joueurs à Paris : un Ecossais, deux Bretons et un Australien et nous avons pu jouer ensemble. J'ai rencontré durant cette période, sur les marches du Sacré-Cœur deux joueurs écossais dont un, Ewen Mc Kenzie, est devenu un véritable ami qui m'invitait régulièrement chez lui, à *East Kilbride*, dans la banlieue de Glasgow.

Ce furent des séjours répétés chez Ewen qui m'ont fait connaitre le *Hoover Pipe Band* sponsorisé par la firme « Hoover ». Ce fut l'occasion de connaitre Frank McCabe, *Pipe Major* du groupe, et Denis Millar, remportant chaque année depuis son plus jeune âge des championnats de soliste....

Cela a marqué le début de ma passion. Je suis d'ailleurs toujours en contact avec Denis Millar chez qui je vais régulièrement chaque année et qui, en échange, me rend visite à Paris. Denis joue dans un *pipe band* de première catégorie qui s'appelle *Shotts and Dykehead*, à plusieurs reprises champion du monde. Je suis allé d'ailleurs récemment dans la localité de Dunbarton pour assister à des championnats de *pipe bands*. Mon centre d'intérêt en Écosse était devenu Glasgow.

Bristol (1969)

Lors de mes études à l'École Supérieure d'Interprètes et de Traducteurs dont je suis diplômé, j'avais la possibilité de passer une année à l'étranger dans un pays pratiquant une de mes langues d'études. Chose faite… Je choisis Bristol, et, comme par hasard, fis la connaissance d'un *pipe band* écossais appelé le « *Bristol Highland Pipe Band* » qui jouait tous les dimanches sur une place et que j'ai rejoint avec après une formation donnée par deux *pipers* qui venaient régulièrement chez moi pour me faire travailler. Pas si facile !

J'ai passé une année fort intéressante à l'Université de Bristol après les événements de mai 68. J'ai même rejoint l'équipe de rugby de l'Université. De retour de Bristol, après mon examen final, j'ai obtenu mon diplôme de l'ESIT (École Supérieure d'Interprètes et de Traducteurs).

J'ai fait de nombreux séjours en Grande Bretagne et j'ai, par cette même occasion, rencontré des célébrités : les « Beatles » et les « Shadows » (groupe de guitaristes jouant sur guitares électriques, ayant connu son heure de gloire). L'impresario des Beatles m'a contacté personnellement lors du passage du groupe à l'Olympia. Ils étaient logés à l'hôtel George V pour leur soirée à Paris. J'ai donc passé une soirée à l'Olympia ainsi qu'à l'hôtel George V.

L'URSS

Après ces nombreux voyages effectués en Grande Bretagne, passionné par les langues, je me suis mis au russe.

Premier voyage à Moscou 1967

Mon premier voyage en Union Soviétique s'est réalisé en 1967, après mes études à l'École Nationale des Langues Orientales, qui m'ont permis d'obtenir un diplôme de russe.

Avec un ami, Jean-Pierre Réginal, rencontré peu de temps auparavant, suivant son idée, et après avoir gagné de l'argent sur les plages bretonnes (moi donnant des concerts de cornemuse et lui jouant de la guitare et chantant un répertoire de sa composition), nous sommes partis en 2 CV en URSS suivant un itinéraire accepté par l'Intourist, organisme officiel du gouvernement russe. Nous avons donc payé notre séjour à l'avance et des bons nous ont été donnés : bons d'essence, de repas, d'hôtel. Nous avons d'abord traversé l'Allemagne, la Tchécoslovaquie, un an avant l'intervention militaire des troupes du Pacte de Varsovie, puis, toute l'Ukraine, et sommes descendus dans le Caucase sur les bords de la mer Noire, jusqu'en Abkhasie (les villes de Batoumi, Soukhoumi ...). Je précise que l'Abkhasie possède sur un plan culturel des chants polyphoniques semblables aux chants polyphoniques corses, ce qui a donné lieu à un jumelage avec un groupe de chanteurs corses nommé « A filetta » (la fougère) engendrant des rencontres annuelles dans les pays respectifs. Il est évident que ces ports sur la mer Noire présentent un vif intérêt pour la Russie. L'avenir le démontra avec l'arrivée des chars russes venus « défendre » la communauté russe d'Abkhasie attaquée par la Géorgie.

Une division blindée russe était à deux pas de la capitale géorgienne Tbilissi ! Nicolas Sarkozy avait, durant son mandat, beaucoup œuvré pour apaiser cette grave crise russo-géorgienne. Les troupes russes ont ainsi rebroussé chemin.

Revenons-en à notre périple en 2CV. Nous avons malheureusement dû revenir par le même chemin car la route militaire du Caucase que nous avions envisagé d'emprunter était considérée comme « zone interdite ». Nous devions suivre rigoureusement l'itinéraire que nous avions choisi et qui avait été validé par les autorités. Nous avions aperçu un village sur notre gauche et pensions y faire un tour… Nous avons été très vite rejoints par deux policiers sur un side-car, qui nous ont prié de bien vouloir reprendre la route de notre itinéraire. C'était une époque où on ne plaisantait pas avec ces choses-là !

De même, nous devions arriver à des « heures normales » là où nous étions attendus. Un orage nous avait retardé et nous avons dû donner des explications pour justifier notre retard.

Notre voyage s'est cependant très bien passé dans un pays très accueillant, contrairement à ce qu'on pouvait penser dans les pays occidentaux portant systématiquement de vives critiques sur la Russie. Ce fut la découverte très intéressante de l'Union soviétique, surveillée au plus haut point.

Moscou 1970

J'ai fait un deuxième séjour en Russie d'environ un an, à Moscou en travaillant pour l'agence de tourisme « Transtours »[2], en 1970. Les parents d'un ami de l'école d'interprètes et traducteurs m'ont trouvé un poste de représentant permanent de l'agence Transtours. À la suite d'un entretien en russe avec la directrice de l'agence, j'ai été engagé. Quelle chance pour moi ! Ce travail me permettait de séjourner en URSS, chose rare pour un étranger durant cette « période brejnévienne ». Une rude période pour les Russes.

J'étais logé dans une suite de l'hôtel Métropole, ancien hôtel particulier construit en 1905, situé au cœur de Moscou, entre la place Rouge et le Bolchoï. Un soir, rentrant à l'hôtel, il y avait un vernissage auquel je fus invité. J'ai même dansé un slow avec une jeune femme très entourée qui me posait des tas de questions sur ma présence à Moscou. Cette charmante personne était ni plus ni moins que la fille de Brejnev !...

Dans le travail qui m'était demandé, mon rôle était d'accueillir les groupes de touristes français et de répondre à leurs questions, afin de leur permettre un séjour agréable. Je réunissais les guides une fois par semaine pour me mettre d'accord avec elles sur les sites prévus à visiter. J'ai par cette occasion effectué les visites prévues au programme, puis disposé de mon temps. J'ai de même côtoyé de vrais Moscovites. Une bonne manière d'étudier leur art de vivre. J'étais logé dans une suite et bénéficiais de la gentillesse du personnel. Je faisais bien sûr l'objet d'une surveillance mais j'étais, peut-on dire, très gâté ! J'avais fréquemment droit à du caviar (qui à l'époque était bon marché), accompagné d'une bonne bouteille de

---

[2] Transtours faisait partie des rares agences à avoir des relations touristiques avec le parti communiste soviétique et les autorités soviétiques, l'Intourist étant l'organisme majeur pour ces relations.

vodka qui m'étaient déposés à ma porte ainsi que des billets qui me permettaient d'assister aux opéras programmés par le Bolchoï, notamment les opéras russes très peu connus en France[3]. J'ai eu, par ailleurs la chance de visiter les ateliers de couture du Bolchoï qui confectionnent les costumes du théâtre et me suis vu offrir une chemise russe brodée. J'avais également mes sources personnelles. Un des cuisiniers de l'hôtel Berlin, un des grands hôtels de la ville, me faisait entrer par les cuisines et me servait du caviar à la louche moyennant quelques dollars.

Durant mon séjour au Métropole, j'avais souvent eu le sentiment d'être épié et parfois même suivi. Rien d'étonnant à cela… Je déjeunais souvent avec le chef des guides de Moscou. J'ai appris à mon retour à Paris (convoqué comme il se doit par la DST, comme tout citoyen français ayant fait un long séjour à l'est), que ce brave monsieur était un gradé du KGB… Il m'avait demandé s'il était possible de lui faire venir un attaché case en cuir. Chose faite, la Direction de Transtours m'avait fait parvenir l'objet qu'il souhaitait.

Un certain Sacha que j'avais connu à Sotchi lors de mon voyage en 2CV, en 1967, est venu me voir à Moscou depuis Leningrad. Il m'a contacté et, le soir venu, nous avons dîné ensemble. Il n'était pas question qu'il reparte chez lui, Leningrad étant à 700 km de Moscou. Je lui ai donc proposé de dormir dans ma suite. Il nous fallait pour cela passer devant la « dijournaia », une femme qui, à chaque étage, était chargée en quelque sorte de surveiller l'étage et de faire un rapport sur tout ce qu'elle aurait pu observer. Elle fut d'accord pour que mon invité dorme chez moi, mais on la sentait inquiète. Elle finit par demander à mon ami ses papiers. Malheureusement, il n'avait sur lui qu'une carte où la photo

---

[3] Par exemple *Une vie pour le Tsar*, composé par Mikhail Glinka.

d'identité montrait qu'il était militaire. Ses « Pagoni » (épaulettes militaires) l'avaient trahi. Ce fut donc un NON catégorique ! Nous avons alors passé la nuit à bavarder, sur la Place Rouge et dans les grands hôtels voisins (hôtel Berlin, hôtel Rossia) où les bars étaient ouverts. Il a ensuite pris un train pour retourner à Leningrad.

Parmi mes occupations, j'allais souvent le dimanche dans une église écouter les chœurs du Bolchoï. N'oublions pas qu'avant la révolution, s'agissant de La Sainte Russie, Moscou portait le nom de « sorok sorokov » ce qui veut dire « quarante fois quarante » (mille six cents églises). Beaucoup ont malheureusement été détruites pendant la révolution de 1917.

Depuis ma chambre, qui donnait sur la place rouge, j'appelais les miens pour leur assurer que tout allait bien pour moi, dans ce pays qui préoccupait pas mal de monde en Occident !

J'ai même fait l'expérience de promenades en traîneau tiré par des chevaux dans des bois de la banlieue de Moscou. Par une température de moins quinze degrés, couvert de peaux de fourrure, j'étais exactement dans l'ambiance du film « le docteur Jivago ». Un des guides travaillant avec mes groupes de touristes, ancien danseur du fameux Ballet Moisseiev m'avait même proposé d'aller assister à des répétitions dans une salle située Place Maiakowski au centre de Moscou.

Mon frère René était venu passer quelques jours avec moi, et, bien sûr, nous avons visité la ville ensemble. Il n'a pas trop apprécié l'ambiance qui régnait dans le pays. Il n'avait, bien sûr, pas le même enthousiasme que moi qui ai une autre approche de ce pays dont je connais la langue et les coutumes. Cette période était très difficile pour les Russes prêts à accepter en cadeau des bas nylons, des stylos à bille, des sacs en plastique, etc… Ils regardaient avec envie les choses vendues exclusivement aux étrangers… les cosmétiques, et, les jolis sacs à main dont les femmes étaient privées. Tous ces articles étaient vendus dans les magasins appelés « Birioska » situés dans les grands hôtels et strictement réservés aux étrangers qui réglaient leurs achats en devises étrangères.

Les Russes avaient tous dans leur poche un sac à provisions au cas où ils trouveraient sur leur route, quelque chose d'intéressant à acheter. Quand un camion s'arrêtait, c'était bon signe. Une queue se formait aussitôt. Que proposaient-ils ? Des produits alimentaires ou, selon le cas, des articles de luxe. Ces ventes étaient évidemment clandestines. Si, par exemple des chaussures féminines, souvent de marque italienne, étaient proposées, les gens achetaient, peu importait la pointure. Tout pouvait être vendu aux voisins de leur immeuble d'habitation. Les magasins d'alimentation appelés « GASTRONOM » vendaient, selon les arrivages, soit du poisson, soit de la viande ! Les Russes n'avaient vraiment pas de choix quant à leur menu. Un livre écrit par le journaliste Georges Bortoli *Vivre à Moscou* relate d'une façon précise ce qu'était la vie quotidienne à Moscou, dans les années 70, période de mon séjour sur place.

J'ai eu la chance également en 1970, grâce à un laisser-passer donné par le chef des guides de Moscou, de voir, chose inhabituelle, le défilé annuel célébrant la révolution d'Octobre ! J'étais placé à côté de la télévision de Moscou, une place de choix ! Sur les avenues Kalinine et Gorki[4], les rues centrales qui mènent à la place Rouge et qui font environ chacune trois kilomètres de long, les colonnes de blindés étaient alignées à perte de vue et attendaient leur tour pour défiler, couvertes de neige.

Tous ces blindés devaient suivre les troupes à pied (les écoles militaires et autres unités) et se regrouper devant le Musée d'Histoire, un bâtiment en brique rouge qui barre la place Rouge, laissant cependant deux accès à la place à droite et à gauche du

---

[4] Rues ayant depuis changé de nom.

musée. Ensuite, on assistait à un défilé interminable de véhicules transportant des fusées intercontinentales ainsi que des missiles. Puis, le défilé du peuple prenait place…

Les quinze républiques étaient représentées et les différents cortèges brandissaient banderoles et drapeaux représentant Marx et Lénine, le tout dans une atmosphère de fête sur des airs d'accordéon… Une journée inoubliable, bien à l'image de l'URSS !

Accompagnateur de circuits touristiques en URSS

M'étant, fait connaître, à mon retour des États-Unis, auprès d'LVJ, l'Agence « Loisirs et Voyages de la Jeunesse » agence axée sur l'URSS, je me suis vu proposer plusieurs voyages en URSS en qualité d'accompagnateur : le Caucase (Azerbaïdjan, Géorgie, Arménie), Moscou, Léningrad, la vieille Russie, les anciennes principautés russes de Vladimir, Souzdal et Kiev. C'est à l'occasion d'un de ces voyages à Moscou, que j'ai rencontré Marie-Claude qui allait devenir mon épouse.

J'ai, par ailleurs accompagné, par le biais d'LVJ, un groupe de médecins traumatologues français qui devaient être reçus par un grand professeur de l'Université de Moscou. Un voyage fort intéressant. Sans, bien sûr, dévoiler leurs secrets, les professeurs en médecine ont ébloui nos médecins en leur faisant visiter leur « banque des os ». Cette banque abrite des centaines d'os enveloppés dans des enveloppes en plastique et prêts à être aussitôt greffés sur des malades. Nos médecins n'en revenaient pas… Nous n'avons rien de semblable en France avaient-ils déclaré !

À la suite d'une rencontre à Paris, avec un Géorgien spécialiste en traumatologie, venu accompagner un ensemble de danseurs folkloriques, j'ai pu entrer en contact (chose difficile) avec le fameux professeur Judet. La rencontre aura été fructueuse. J'ai revu ce traumatologue géorgien, Kokrachvili, à Tbilissi où il m'a offert une burka caucasienne (manteau aux épaules pointues qui peut servir de tente dans la steppe).

De retour à Paris et grâce à une amie russe arrivée en France à l'âge de cinq ans, qui habitait mon quartier, j'ai connu les restaurants russes fréquentés par des russes blancs, descendants de célébrités telles le Général Wrangel commandant les armées blanches durant la révolution d'Octobre. C'était une époque où bon nombre de taxis parisiens étaient conduits par des Russes blancs ayant fui la révolution bolchévique ! J'ai, un comble, été invité à une soirée dans les locaux du Musée cosaque d'Asnières et alors présenté au Prince Youssoupov (le Prince qui avait tué le fameux Raspoutine) avec qui j'ai pu échanger quelques mots. Un vieil homme très entouré par un groupe de femmes russes aux petits soins.

PARIS

Mai 68 Lycée Buffon à Paris

Une période très agitée compte tenu des événements que nous avons tous connus. J'étais alors au lycée Buffon. Un lycée de plus !... J'avais en classe de philo le célèbre homme de lettres, Maurice Clavel qui, à la suite d'une censure concernant un de ses écrits, avait quitté un plateau de télévision en disant ... « Messieurs les censeurs bonsoir ! » Une période passionnante qui m'aura valu un 15 en philo à l'oral du bac !

Clavel, un grand fumeur, invitait sa classe à suivre son cours de philo dans un café situé face au lycée. C'était également l'époque où il effectuait des adaptations théâtrales. Il nous donnait ainsi des billets pour ses pièces. Ce fut pour moi une année fort intéressante. Dans cette classe de philo se trouvait le neveu de Clavel, François Yakoulov. Il se trouvait à mes côtés dans la nuit chaude de la rue Gay Lussac où nous nous sommes réfugiés après les quatre charges de CRS qui sont venus à bout des barricades. Puis il fallait se cacher, éviter à tout prix de tomber entre les mains de la police. Des bonnes sœurs appartenant au couvent rue Claude Bernard nous ont ouvert leurs portes. Nous sommes restés jusqu'à 4 heures du matin, bien à l'abri de la police qui sonnait à toutes les portes pour chercher les étudiants fuyards. Puis nous sommes sortis par groupes de deux après le feu vert des bonnes sœurs qui vérifiaient si la rue était libre.

Janvier 1969 période de mon service militaire

Affecté au régiment du « TRAIN des équipages » j'avais reçu ma feuille de route me priant de me rendre à Montlhéry et, quelle ne fut pas ma surprise, Gare du Nord, lorsqu'un individu ayant comme moi une petite valise à la main, s'adressa à moi me disant : « Henri, qu'est-ce que tu fous là ? » « La même chose que toi, mon vieux, je vais à Montlhéry ». Il s'agissait de Georges Vaugier, un vieil ami de mon club de rugby du SCUF, incorporé à la même date et dans le même régiment. Ce fut une surprise fort agréable.

Nous avons donc fait nos « classes » ensemble et un de ses amis, Jean-Jacques Gaillarde nous a rejoint. Ils étaient tous deux agents du ministère des Affaires Étrangères et autorisés, après leur période du service militaire, à rejoindre leur poste. C'est donc avec plaisir que nous avons « crapahuté » ensemble, pendant une période de deux mois (les classes) d'expérience militaire : maniement d'armes, etc. avant d'être, selon le jargon militaire, « ventilés », c'est-à-dire affectés à une autre unité. Dans notre cas c'était à l'Ecole Militaire, à Paris, plus exactement au CLEEM (Centre de Langues et Etudes Etrangères Militaires).

Je partais le matin de chez moi en vélo solex, mettais mon uniforme, puis, après une « rude journée de labeur », rentrais vers sept heures du soir. Nous passions, à vrai dire, de bonnes journées. Deux gradés de nationalité tchèque appartenant à la légion étrangère avaient été appelés. Ils avaient pour mission de capter les postes clandestins qui émettaient en langue tchèque depuis l'intervention des troupes du pacte de Varsovie en Tchécoslovaquie (1968).

Nous avions tous, bien sûr, droit à des permissions, et, malgré l'interdiction pour un militaire de sortir du territoire français, j'avais tout de même programmé d'aller faire un tour en Grande-Bretagne. Mon frère et moi avons donc mis sur pied un voyage en Ecosse. Ma mère qui avait accepté de découvrir ce pays était ravie de ce projet. Malheureusement décédée bien jeune, ce fut pour elle son unique voyage à l'étranger. Nous sommes donc partis avec la Peugeot 204 de mon frère, avons embarqué à Calais et sommes allés jusqu'à Edimbourg et Stirling en Ecosse. Nous avons visité Princes Street, le *Royal Mile*, le château, ainsi que celui d'Holyrood, résidence de Marie Stuart, reine d'Ecosse où la Reine Elizabeth séjourne quand elle se rend à Edimburgh. Que de belles choses à voir. De plus, ce voyage coïncidait avec la prouesse américaine « on a marché sur la lune » que nous avons suivie, comme beaucoup à la TV du « Bed and Breakfast » où nous étions logés. C'est ce voyage qui m'a permis de connaitre l'« *Eagle pipers club* », un pub situé dans Princes Street, où se retrouvaient des joueurs de cornemuse une fois par semaine pour interpréter des morceaux du répertoire classique sous la direction de George Stoddart. Ma mère et mon frère ont assisté pour la première fois et avec intérêt à ce type de soirée.

Je ne manquerai pas d'évoquer en passant le voyage que j'avais effectué depuis Paris jusqu'à Londres en vélo solex… Drôle d'idée ! Je me suis dit après tout, pourquoi pas. J'ai choisi l'itinéraire le plus facile … moins de route, plus de mer … Paris-Dieppe, 170 km, Dieppe-Newheaven, quelques heures en ferry, la traversée la plus longue pour gagner l'Angleterre, puis Newheaven-Londres. J'étais bardé de vêtements chauds et imperméables et avais pris précaution de prendre plusieurs bidons de solexine (le carburant du solex). Le voyage m'a paru long, mais tout s'est passé comme je le souhaitais. Au sortir du ferry, à l'aube, après un bon breakfast, je roulais sur les routes anglaises…J'avais gagné mon pari ! Arrivé à Londres, tout le monde m'observait : j'étais un étrange individu sur une drôle de machine ! Le solex, cette machine infernale si populaire en France était méconnue outre-manche. Je rejoignais mon amie Dany qui m'attendait. Après quelques jours passés chez des amis londoniens, je suis revenu en France en empruntant le même itinéraire. Une belle expérience !

LE COSTA RICA et L'AMÉRIQUE CENTRALE 1971

J'ai effectué un premier voyage au Costa Rica en 1971, après avoir passé un an à Moscou. Ce voyage avait un but précis : faire la connaissance de mes cousins : les Desanti (nom de jeune fille de ma mère) avec qui nous avions déjà des relations épistolaires dont, pour commencer, Vicente Desanti, gouverneur de la province de Limon, située dans le nord du pays. Puis, peu à peu, les frères de Vicente, Enrique, chirurgien-dentiste à San José et Ernesto, avocat dans la province de Nicoya ayant chacun quatre enfants avaient pris contact avec nous. Mon frère René et moi avons actuellement des contacts avec la fille aînée de Vicente, Dunia qui a fait sa vie au Guatemala. Elle a connu malheureusement beaucoup de problèmes que j'évoquerai plus tard.

La Vendetta

Revenons au siècle dernier, année 1888, en Corse, quand la famille Desanti a connu une vendetta, ce qui était classique sur l'île dans ces années-là.

Mon arrière-grand-père Pancrace Desanti avait été assassiné sur le perron de sa maison dans la localité de Caldarello en Corse du sud, alors qu'il fumait tranquillement sa pipe. Le motif de cet acte reste encore vague ! Mon aïeul qui avait étudié à Pise, en Italie, faisait partie des personnes lettrées au village, à qui on pouvait demander conseil. Il aurait donc, lors d'un litige entre deux familles au sujet de terrains, donné raison à une des deux familles, et aurait alors fait l'objet d'une vengeance. Mon grand-père maternel, ses frères et autres membres de la famille ont aussitôt pris le maquis, excepté Vincent qui, du fait d'un différend avec son père, était parti vivre l'aventure avec deux de ses amis. C'est ainsi qu'après un passage au Venezuela (en prison, car il n'avait pas de papiers), il s'est retrouvé au Costa Rica, où il fit la connaissance de la fille d'un riche propriétaire terrien du pays.

Apprenant la mort de son père, il voulut revenir en Corse pour se joindre à la vendetta. Mais cela aurait été au risque sa vie ! On lui a fortement conseillé de ne pas se manifester. Un de ses jeunes frères revenant en diligence de la ville de Sartène (chef-lieu de la région) a également été assassiné au relais de Roccapina en Corse du Sud, à deux pas du village familial, où la diligence marquait un arrêt. Il était sorti un instant pour se dégourdir les jambes. Mais, des hommes embusqués l'attendaient pour l'abattre ! Il a tenté de trouver abri dans la diligence. Il a versé son sang sur les plaques de cuir du cordonnier du village qui était resté assis dans la diligence. Il était allé se ravitailler selon son habitude à ville la plus proche, Sartène. Sa fille maintenant décédée nous avait donné les détails de cet assassinat qui avait profondément marqué sa famille.

Bref, la vendetta suivait son cours… Mon grand-père ayant repéré où séjournait un membre de la famille ennemie, à Sartène, l'a abattu un beau matin. Selon les règles de la vendetta, les éléments masculins, même les nourrissons risquaient d'être assassinés dans leurs berceaux, les femmes, quant à elles ne couraient aucun risque.

Après avoir relaté brièvement ce drame que fut la vendetta qui avait frappé ma famille, revenons à l'année 1971, date de mon premier voyage au Costa Rica.

Départ pour l'Amérique

Après avoir écouté bien attentivement ce que ma mère m'avait dévoilé sur la vendetta, sujet trop douloureux dont elle ne parlait jamais, prêt pour mon départ aux Amériques, j'ai pris un vol pour New York.

Arrivé après ce long voyage à l'aéroport J.F. Kennedy, j'ai appelé un couple que j'avais connu lors de mon séjour à Moscou et qui m'avait invité à le contacter si je faisais un voyage à New-York.

Membres du PC américain, ce couple avait effectué ce voyage en URSS sans laisser de traces. Rien sur le passeport. Feuilles volantes. Selon leurs conseils, j'ai pris un taxi et traversant Central Park et me suis trouvé dans Manhattan, à l'adresse indiquée : Amsterdam Avenue. Je découvrais New-York, ses larges avenues et ses gratte-ciels.

L'accueil fut très chaleureux. Ils avaient du monde chez eux, car ils préparaient l'affichage sur les murs de la ville de photos de la militante Angela Davis incarcérée pour activisme communiste.

Le lendemain, mes nouveaux amis devaient conduire leurs enfants à l'école et se rendre à leur travail. Après m'avoir donné pas mal d'indications pour visiter la ville, ils m'ont laissé les clefs de leur appartement. Je suis donc resté quelques jours, me promenant dans Broadway et les points principaux de la ville : Central Park, l'Empire State Building et autres monuments. Devant quitter New-York, mes nouveaux amis m'ont suggéré d'aller dormir au YMCA, ce que je fis jusqu'à mon départ.

Connaissant mon projet de départ pour le Costa Rica, mes amis m'ont conseillé pour commencer, de prendre un vol pour Mexico à un tarif avantageux, puis trouver un *trailer* (camion poids lourd) circulant sur la Pan American et susceptible de me conduire jusqu'à la destination souhaitée. C'était un bon conseil. Après mon arrivée à Mexico et une brève visite de la ville, je me suis rendu au point de départ de tous les *trailers* ayant pour itinéraire l'Amérique centrale. Un chauffeur, disposé à me prendre dans son camion m'a fixé l'heure à laquelle il allait partir. J'avais décidé de m'arrêter tout d'abord à Guatemala city, chez Dunia[5], la première personne de ma famille qui était sur mon parcours, en route vers le Costa Rica.

J'ai bénéficié d'un accueil très chaleureux par Dunia mariée à un riche propriétaire terrien (Juan Luis Batres). Ce dernier possédait deux restaurants en ville ainsi qu'un circuit automobile formule 1. Il était malheureusement aveugle, à la suite d'un accident survenu sur son circuit automobile. Il était sans cesse accompagné de deux personnes… une longue histoire. Il rencontrait souvent des membres de la CIA qui fréquentaient les bars de ses restaurants et a insisté pour m'en présenter certains. Il me semblait jouer un jeu dangereux. La suite nous le confirmera …

Juan Luis m'incitait à trouver un travail avec ses contacts américains en me disant que ma connaissance de la langue russe ne pouvait que les intéresser. Ce qui me laissait indifférent. Par la suite, alors que je me trouvais au Costa Rica, un voyage m'a été payé pour rencontrer un « agent recruteur de la CIA » qui me proposait un travail richement payé. Il s'agissait de ramener aux Américains des informations que je devais puiser à Moscou. J'ai, bien sûr, refusé cette offre et suis reparti au Costa Rica.

Indépendamment de cela, j'ai passé quelques jours agréables dans cette ville, malgré les nuits où avaient lieu des attaques menées par les mouvements de lutte armée contre les forces du

---

[5] Dunia est la fille de Vicente, ex-gouverneur de la province du Limon.

pouvoir. J'ai découvert des sites fort intéressants et des villages peuplés par des Indiens descendants directs des mayas : le lac Atitlan, le village de Chichicastenango et autres sites merveilleux que j'ai eu l'occasion de revoir, par la suite, avec Marie-Claude, mon épouse.

Mon arrivée à San José de Costa Rica

Séjour de neuf mois chez mon cousin Enrique, chirurgien-dentiste à San José.

Après ces quelques jours au Guatemala, j'ai poursuivi ma route à bord d'un *trailer* de nationalité Costaricaine. Route vers le Costa Rica. La famille prévenue de mon arrivée m'attendait avec impatience, surtout le cousin Enrique avec qui j'avais eu un proche contact. Le *trailer* m'a déposé pratiquement au domicile de mes cousins. Une bonne vingtaine de personnes m'attendait. Tous des Desanti... Chacun s'est présenté : je suis le fils d'un tel ou le frère ou la sœur de... Je dois dire que j'étais perdu et il m'a fallu quelques jours pour donner une identité à chacun. La fatigue du voyage n'arrangeait pas les choses !

Le cousin Enrique m'a fait tout d'abord visiter son cabinet dentaire puis rencontrer la famille... tous voulaient m'inviter, j'avais donc des journées chargées. Enfin, je me suis mis aux habitudes du pays, apprenant à trouver un lieu. Quand quelqu'un vous donnait une adresse, il y avait un point de départ, puis il fallait calculer en *varas* (lieues). Cela faisait qu'à partir du cinéma REX, par exemple, (au centre-ville), il fallait compter 100 *varas* à l'est, 200 *varas* au nord ou au sud.

J'ai fait quelques sorties avec mon cousin Enrique dans des lieux intéressants : les musées qui regorgeaient d'objets précolombiens en or, découverts dans des tombes. Ces bijoux représentaient des aigles, des chauves-souris ou des grenouilles. J'ai également visité le village d'Orotina, fief de la famille Desanti, puis les trois volcans du pays qui font l'objet de visites. Enfin, je suis allé rencontrer Ernesto, frère d'Enrique dans son cabinet d'avocat à Nicoya. Il m'avait offert un vase précolombien trouvé dans une tombe de la région, la civilisation de Nicoya comptant parmi les plus connues des archéologues en Amérique Centrale.

Rencontre avec des personnages hors du commun

Ayant beaucoup de temps libre et n'étant pas toujours au cabinet dentaire de mon cousin Enrique, je faisais des balades au centre-ville.

J'avais repéré un café très fréquenté, le « Soda Palace » au centre de San José, où, fait bien connu, des Colombiens vendaient des émeraudes et articles de contrebande, des montres de marque et autres articles.

Un certain Jean Contenté, de nationalité française, entouré d'amis, avait souhaité m'avoir à sa table, heureux de pouvoir parler à un compatriote.

Il me conta ses aventures. Après s'être battu en France dans la Résistance, il avait rejoint en qualité de juif, « l'Irgoun » en Israël puis, ayant soif d'aventure, il se retrouva en Amérique latine. Attablé un jour au Soda Palace, qui était pour ainsi dire son « quartier général », il avait remarqué un homme arrivant à moto, couvert de poussière et qui paraissait épuisé au point de ne plus être à même de mettre sa machine sur sa béquille. Il l'avait invité à venir à sa table lui offrant un remontant. Ce personnage avait parcouru toute l'Amérique du Sud. Il avait quitté l'Argentine en compagnie d'un ami qui préféra, pour sa part, se diriger vers le Venezuela au lieu de poursuivre sa route vers l'Amérique Centrale. Il lui tendit la main, et se présenta : Ernesto Guevara !

Ce dernier venait d'effectuer plusieurs milliers de kilomètres à travers la Patagonie, le Chili, le Pérou jusqu'à l'extrême nord du Venezuela afin de connaître le vrai visage de l'Amérique latine. Jean Contenté était bien en présence du Che qui effectuait ce fameux voyage sur sa moto, souhaitant connaître les pays qu'il traversait. Pour Contenté, ce fut le début d'une aventure qui allait le conduire jusqu'à Cuba où il prit part, en 1959, à la révolution, à la tête des guérilleros qu'il avait formés.

Jean Contenté avait comme objectif, pour sa part, (avec l'autorisation du Président du Costa Rica, Figuerez), d'entraîner dans des zones précises des hommes au combat et de former la « légion des Caraïbes » dont le but était de lutter contre les dictatures d'Amérique latine, qu'elles fussent de droite ou de gauche ! Son projet intéressait le Che qui avait, lui, pour objectif de rejoindre Fidel Castro à Mexico, à la tête d'un bon nombre de combattants. Jean Contenté aurait formé environ 1.800 volontaires rejoignant les « colonnes » déjà sur place : celles de Castro, de Raoul, son frère, du Che et de Camilo Cienfuegos. Il avait pris part aux combats jusqu'à la prise de La Havane. Après un différend avec Raoul Castro, qui n'acceptait pas que Contenté porte des galons de commandant tout en clamant que la Révolution cubaine prenait une allure dictatoriale, il dut malheureusement mettre un terme à son expérience cubaine. Raoul Castro s'en prit à lui, jusqu'à le faire emprisonner et condamner à mort. C'est avec l'aide du Che que Contenté put, de justesse, quitter le pays et regagner Mexico à bord d'un petit avion privé. Il avait écrit un livre intitulé *L'aigle des Caraïbes* faisant le récit de ses aventures, dont il m'avait remis le manuscrit, me demandant de le transmettre à un certain Robert Vergnes pour qu'il soit publié chez Robert Laffont. Atteint d'un cancer du côlon, Jean mourut quelques semaines plus tard. Il n'a malheureusement pas pu venir à Paris présenter son livre, publié en 1978, qui de ce fait ne connut pas le succès mérité !

Quelques lignes sur Robert Vergnes que j'ai appelé « le pirate des mers du sud » chez qui j'ai passé de nombreuses soirées et qui habitait rue de Seine à Paris. J'y rencontrais parfois Jean-Christophe Mitterrand et nous fumions ensemble les bons cigares cubains offerts à son père lors d'un voyage officiel effectué à Cuba, lorsqu'il occupait les fonctions de secrétaire général du PS.

Robert Vergnes, originaire du sud-ouest, ayant une passion pour la spéléologie, avait commencé par effectuer des « descentes » avec Haroun Tazieff (J'ai voyagé avec ce dernier à mon retour de Rio où j'avais effectué une mission pour mon ministère, mission qui coïncidait avec le « sommet de l'environnement »). Sur les conseils d'amis, Robert Vergnes s'est rendu au Guatemala où, dans le domaine de la spéléologie, il y avait beaucoup à découvrir. Il ne savait pas, au départ, que les objets qu'il découvrait étaient d'origine maya : urnes funéraires, masques de jade, etc. Il avait vite compris qu'il y avait de l'argent à gagner : la vente d'objets précolombiens à des collectionneurs suisses lui permettait de financer des voyages en Amérique Latine et de vivre aisément.

J'ai fait par la suite plusieurs voyages avec lui dans sa petite maison située dans l'ile de Contadora faisant partie de l'Archipel des perles, à un quart d'heure d'avion depuis Panama City.

Le service était assuré par de petits *avionetas* à quinze places. C'est dans cette île que vinrent se réfugier le Shah d'Iran et son épouse (Panama leur ayant accordé l'asile politique). Nous avions rejoint quelques-uns de ses amis qui allaient prendre part avec nous à des fouilles de sépultures précolombiennes dans un îlot proche de Contadora. Nous partions le matin sur un zodiac au milieu d'îlots noirs de pélicans et de Fous de Bassan… une faune considérable !

Avec l'autorisation du propriétaire, un certain Eduardo Carrasco, nous avons fouillé sans relâche durant deux semaines… sans rien trouver, sinon des tombes faites de coquillages empilés les uns sur les autres. Nous avons, par ailleurs, noté la présence de boîtes de conserves ayant appartenu à des unités de soldats américains postées dans ces îles durant la guerre du pacifique, afin de faire face à un éventuel débarquement japonais. Nous partions le matin à bord d'un zodiac et revenions dans l'après-midi, harassés et bredouilles !

Mais, Robert Vergnes avait un autre projet en tête : collecter de l'argent auprès de personnes fortunées afin d'affréter un bateau pour aller à l'île du Coco à la recherche du trésor du pirate Morgan qui aurait, après avoir pillé Guayaquil, en Equateur, ramené une cargaison d'or et de bijoux évaluée à plusieurs millions de dollars. Il aurait caché son trésor sur cette île du Coco, dans une grotte... Et, ce n'est pas tout, le plus célèbre, le plus important, et, sans doute le plus convoité des trésors cachés dans l'ile est, d'après des écrits, le trésor du Pérou ramené par le Capitaine, d'origine écossaise, Thomson. Ce trésor comprendrait notamment des richesses considérables pillées dans des églises, évalué à plus de 200 millions de francs nouveaux. Vergnes y croyait-il vraiment ? Nous ne le saurons jamais. Toujours est-il que lors d'un de ces voyages avec deux jeunes gens à son bord, il a essuyé une tempête au large des côtes de l'île du Coco. Ses deux passagers sont morts noyés, et Vergnes a dû confectionner à la va vite un radeau de fortune lui permettant de débarquer quelques vivres et objets utiles : un fusil, des allumettes... avant de mettre le pied sur l'île. Il s'est donc retrouvé dans la situation de Robinson Crusoé... Il parlait à haute voix pour ne pas perdre l'usage de la parole et jouait aux boules avec des galets s'adressant à des copains imaginaires. Il était seul, bien seul ! Cette situation a duré plusieurs mois, jusqu'à ce qu'il aperçoive au large, par chance, un thonier à qui il a fait signe en allumant un feu. Il a pu ainsi s'en tirer, mais ce n'était pas la fin de ses ennuis, car, à son retour en France, il a été traîné en justice par les familles des jeunes disparus et accusé d'avoir délibérément provoqué leur mort, afin de s'emparer, à lui seul du fameux trésor de Morgan... l'affaire se termina par un non-lieu ! Il a également été condamné à ne plus jamais remettre les pieds au Costa Rica.

Retour au Guatemala

Après ces quelques lignes sur mon séjour au Costa Rica et une rapide description des personnages rencontrés, je me suis à nouveau arrêté, sur le chemin du retour, chez ma cousine Dunia, au Guatemala, mais l'ambiance avait changé et l'accueil fut différent... Une bien triste histoire allait bientôt se dérouler. Dunia et son mari m'ont accueilli en me disant que je serais logé chez des amis à eux, sans m'expliquer pourquoi. Juan Luis s'attendait à un coup dur. Ce n'est qu'à mon retour à Paris que j'ai eu le fin mot de l'histoire. Le frère de Dunia, José-Léon faisait un déplacement professionnel en Allemagne. Il en a profité pour faire un saut à Paris pour me voir. J'ai donc su, lors de cette rencontre ce qui s'était produit. José-Léon avait commencé par me poser quelques questions sur son beau-frère Juan Luis, et voulait connaître mon opinion à son sujet. Juan Luis et moi avions, bien sûr, eu de longs entretiens sur le régime en place en Russie, puis sur la situation politique au Guatemala et les idées que manifestait Juan Luis, d'après moi, ne faisaient aucun doute, il épousait la cause des mouvements révolutionnaires guatémaltèques, plutôt guévaristes. Puis, José-Léon m'a éclairé sur l'histoire de Juan Luis : une bien triste histoire ! Quelques jours après mon départ du Guatemala, sur le chemin du retour, des policiers sont venus le chercher et l'ont emmené au poste pour un simple interrogatoire, soi-disant ! Ces policiers étaient de faux policiers. Au bout de deux jours, Dunia n'ayant aucune nouvelle de son mari, s'est présentée au poste de police. Il n'y avait aucune trace de son époux qui, d'après eux n'avait jamais été arrêté par leurs services. Ce n'est que bien plus tard que son corps criblé de balles avait été retrouvé aux abords de la ville avec une pancarte accrochée à son cou indiquant qu'il avait été exécuté pour actions de lutte armée révolutionnaire hostile au régime en place.

Dunia ignorait que son mari était un des cerveaux des forces armées révolutionnaires du Guatemala. Il avait été démasqué et exécuté, dit-on, par la CIA. Ce qui explique l'attitude étrange de Dunia et de son mari à mon égard, lors de mon retour, à leur domicile. La situation pouvait être, en effet, dangereuse pour moi, c'est pourquoi ils avaient préféré, par mesure de protection, que je loge ailleurs que chez eux. Je n'ai posé aucune question et sentais qu'il valait mieux que je parte. Après ce bref passage à Guatemala City, J'ai donc poursuivi ma route, en empruntant des bus allant vers le Mexique. Après quelques heures de route, je me suis arrêté à Mexico. J'ai réalisé que je n'avais plus que quelques sous en poche… assez, tout de même pour passer la frontière et arriver au Texas, jusqu'à la ville de San Antonio. J'ai dû attendre quelques heures pour prendre le bus qui devait me conduire à destination. J'avais, par ailleurs, remarqué qu'on donnait un film qui venait de sortir : *Waterloo* de l'excellent réalisateur russe, Sergueï Bondartchouk, qui avait déjà connu un vif succès avec son film *Guerre et paix*. J'ai donc eu le temps de me payer ce très bon film ! À la sortie, un couple de français qui avait apprécié le film et au courant de mes faibles moyens m'a donné 20 dollars.

LES ÉTATS-UNIS 1971

Texas

J'ai ensuite pris mon bus *Grey Hound* et me suis retrouvé au Texas. J'ai alors demandé à un policier qui faisait la circulation au milieu d'un carrefour où je pouvais trouver un petit travail, lui expliquant que j'avais très peu d'argent. Il m'a répondu en espagnol, car il était d'origine mexicaine. 70 pour cent de la population de San Antonio est d'origine mexicaine. On parle donc espagnol à tous les coins de rue !... Revenons-en à mon policier qui m'avait suggéré de prendre un taxi, me donnant généreusement 10 dollars, et, me disant, chose incroyable : « vous me rembourserez si vous repassez par ici ». Chose faite dès ma première rentrée d'argent.

Je me suis donc retrouvé dans un quartier où la langue espagnole était prioritaire. J'ai trouvé un petit hôtel bon marché. Ma chambre n'était pas équipée. Je n'avais pas, bien sûr, l'air conditionné, mais un énorme ventilateur fixé au plafond. Il faisait une chaleur insupportable... Mes contacts mexicains au bar du coin m'ont proposé dès le lendemain matin un travail : je devais manipuler les bobines et mettre les films en route dans un petit cinéma de quartier. Les films étaient bien sûr pornographiques.

Mais, peu importait, je recevais des sommes en dollars suffisantes pour manger et payer ma chambre.

Le soir, durant les week-ends, on se croyait au Far ouest ! La rue centrale était peuplée de « cowboys » : chapeaux de marque « Stetson », jeans serrés, chemises à carreaux et bottes… il ne manquait plus que les revolvers. Ces cowboys travaillaient tous dans des fermes avoisinantes et venaient à la ville, les week-ends, dépenser leur argent.

J'ai donc travaillé quelques jours dans ce cinéma, jusqu'à ma rencontre avec un Français, maître d'hôtel travaillant dans un restaurant chic de la ville nommé « Villa de Pancho ». Il m'a gentiment invité à m'installer chez lui. J'ai donc abandonné ma chambre située dans un sous-sol et suis allé dans mes nouveaux appartements avec la possibilité (ayant la même taille que mon hôte) de choisir chaque jour une chemisette légère à manches courtes. Il n'a pas tardé à me trouver un travail : la plonge dans un restaurant chic nommé le « Swiss Cottage ». Chose surprenante, ce qui n'existait pas en France, ce petit travail était fort bien payé !

J'ai donc rapidement rempli mon portefeuille et n'avais aucune crainte pour mon retour vers la France.

J'en ai profité pour visiter la ville et ses monuments, notamment le fameux Fort Alamo situé au centre-ville. Il s'agit du vrai Fort où s'était déroulée la page historique du siège de ce fortin et de ses personnages célèbres, dont Davy Crockett !

J'ai ensuite visité la réplique de ce Fort située à une centaine de kilomètres de San Antonio, lieu de tournage du film *Fort Alamo* avec John Wayne en tête d'affiche (1960). J'ai également visité Dallas, Easton et les déserts du pays.

San Antonio est une jolie petite ville bien tranquille, traversée par une rivière bordée de petits restaurants agréables.

Louisiane : New Orleans

Après plus d'un mois passé au Texas, j'ai repris ma route, choisissant la meilleure solution et surtout la plus avantageuse : la Compagnie des *Greyhounds*, d'énormes bus très confortables sillonnant toutes les autoroutes des États-Unis à des prix avantageux. Il est possible de s'arrêter où l'on veut et reprendre sa route quelques jours plus tard, le billet restant valable.

Je me suis donc arrêté plusieurs jours à la Nouvelle Orléans, visitant, bien sûr, le quartier où les rues sont indiquées en français, des rues d'où jaillit le son des trompettes et des saxos... le jazz tel qu'on a pu l'entendre sur des électrophones avec des 33 tours en vinyle. Le matin, je m'installais à la terrasse du café le « doughnuts », sur les bords du Mississipi et regardais passer les fameux bateaux à aubes en prenant un petit déjeuner. Un grand plaisir !

Géorgie : Atlanta

Après ces agréables journées en Louisiane, je ne voulais pas manquer de voir le site de la bataille d'Atlanta, en Géorgie. Ce site, est resté depuis inchangé. Les observatoires en bois sont encore en place, ils sont intacts. Cette bataille capitale (1864) aura été un tournant décisif dans cette terrible guerre de Sécession. L'armée du nord avait lors de cette bataille, brisé la défense des confédérés. Elle avait réussi à la couper en deux, la privant ainsi de toute son intendance.

Après cette visite intéressante, j'en ai profité pour voir la ville d'Atlanta, située à quelques kilomètres. Sans intérêt, la ville américaine type ! Des gratte-ciels, rien que cela. J'ai repris place dans un bus, direction New-York. De jeunes noirs avec qui j'ai pu converser m'ont expliqué qu'ils étaient tolérés, sur les sièges situés à l'arrière du bus. Nous étions en 1971 !

New-York

Arrivé à New York, j'étais accompagné d'une jeune femme noire, étudiante avec qui j'avais discuté durant le trajet. Elle parlait français. Nous avons bien sûr évoqué les problèmes raciaux. J'ai voulu l'inviter à prendre un pot et nous nous sommes assis à la terrasse d'un café, mais, ma commande est restée vaine. Le garçon est passé une dizaine de fois devant nous... sans réponse. Nous avons donc dû renoncer. La jeune femme n'a pas été surprise. Elle a cependant tenu à me donner son adresse chez ses parents, me proposant une invitation à déjeuner. Cette rencontre m'aura éclairé sur un bon nombre de choses. Ce grand pays était encore en pleine période de ségrégation raciale !

Je me suis promené dans les grandes avenues du centre-ville : Central Park, Manhattan où se trouvent l'Empire State Building et le Rockefeller Center et ai été impressionné par l'immensité des gratte-ciels dont j'étais entouré. À un moment donné, j'étais sans le savoir dans un quartier non favorable aux blancs, quelqu'un m'a alors conseillé de m'écarter de ce quartier et de prendre le métro dès que possible. Je me trouvais tout simplement dans le Bronx, un quartier dangereux pour les blancs.

Mon départ n'étant prévu qu'à une date précise, cela me laissait quelques jours pour flâner dans New-York. J'ai complété ma visite de la ville (ma visite ayant été rapide lors de mon premier passage).

Content de ce long séjour en Amérique, la tête remplie de bons souvenirs, j'avais tout de même hâte de rentrer à Paris et de poser mes superbes valises en cuir achetées au marché central de San José.

PARIS

Mes premiers emplois (1972)

Baignol et Farjon

C'est une fois de plus la cornemuse (ce fichu instrument) qui m'a fait connaître un certain Louis Roger qui jouait avec moi à l'église écossaise, rue Bayard, dans le XVIᵉ arrondissement en accompagnement d'un groupe de danses écossaises. Il m'a proposé de me présenter chez Baignol & Farjon où il travaillait lui-même comme responsable du secteur « dessin ». J'ai donc eu un entretien avec la Direction du personnel... un entretien positif. On m'a invité à me présenter la semaine suivante, à ma guise. « Y'a pas le feu m'a-t-on dit... ». Chose extraordinaire, quand je me suis rendu à mon nouveau lieu de travail, le quartier était entouré de policiers et de pompiers... Il y avait le feu : le dernier étage (entrepôt) de l'immeuble où je me rendais était en flammes. Quelle surprise !... C'était à la fois risible et désastreux !

J'ai donc été engagé dès le lendemain et présenté au PDG, Roland Farjon. L'affaire « porte-plumes et crayons » était dirigée par les frères Farjon dont les prénoms commençaient obligatoirement par un R, pour que cela donne « République Française ». Il m'a été demandé d'acheter une voiture. Je suis donc allé chez Renault, suivant les conseils du PDG et suis reparti avec une R5. Le comptable de B&F m'a demandé de payer chaque mois la somme que je voulais… Chose rare pour un comptable !

J'étais traducteur. Ma première mission fut d'aller en Espagne (à Barcelone et Madrid) prendre contact avec la Société Flamagaz, grand client de B&F, puis, par la suite, mes missions se firent en Grande-Bretagne et en Allemagne.

Le voyage en Allemagne avait pour but de participer à une exposition. Nous sommes donc partis à trois avec un fourgon chargé de crayons et de stylos ne sachant pas que cette nuit-là la gendarmerie recherchait le cercueil de Pétain qui avait été déplacé. L'action de partisans du personnage ! Nous plaisantions à ce sujet, ce qui n'a pas vraiment plu aux gendarmes qui étaient plutôt sur le qui-vive !

SNECMA

J'ai travaillé à la SNECMA à Villaroche (près de Melun pendant deux ans) en qualité de traducteur sur un projet de moteurs d'avions destinés à équiper de gros porteurs militaires : le CFM 56, en collaboration avec la firme américaine *General Electrics* qui opérait sur la partie technique.

Je commençais vers 8 heures le matin. Villaroche, près de Melun, étant à 40 km de chez moi, ce fut bien difficile, mais je prenais goût à ce travail de traducteur, ma véritable formation en tant qu'ancien élève de l'ESIT. Il fallait souvent voir les pièces du moteur sur lequel je travaillais pour comprendre ce que j'avais à traduire et le faire au mieux.

Mon chef de service était un ancien pilote qui avait été formé, comme beaucoup, aux États-Unis dans les années 50. J'ai ainsi appris pas mal de choses dans le domaine de l'aéronautique. Un travail fort intéressant. Le moteur CFM 56 a, de plus, été accepté et vendu aux Etats-Unis pour équiper les gros porteurs militaires de l'armée américaine. La France avait ainsi détrôné Pratt & Witney, géant de l'aéronautique américaine qui, jusque-là, alimentait l'aviation militaire pour ses gros porteurs. Inutile de dire qu'à la Snecma ce fut la fête... Champagne à gogo !

La firme Pratt & Witney complètement abasourdie s'était plainte au Gouvernement américain l'accusant de favoriser une firme étrangère.

J'ai également participé à la traduction de textes relatifs à la construction d'un avion militaire français, le Larzac.

Après mon passage à la SNECMA, j'ai été engagé pour un an dans un bureau de traductions spécialisées en aéronautique. Mon lieu de travail était à Boulogne Billancourt. Ce nouveau travail où j'avais pour chef de service un Américain content de lui et fort désagréable avec ses employés ne m'a pas laissé un bon souvenir.

Mon expérience cinématographique (deux films à mon actif). J'allais devenir un acteur célèbre !

Une fois de plus grâce à la cornemuse, j'ai fait l'expérience de deux films : *Touche pas à la femme blanche* de Marco Ferreri auteur de *La grande bouffe* et *Le voyage de noces* de Nadine Trintignant.

Le premier film a été tourné dans le trou des Halles en pleins travaux, en 1974. J'avais été contacté par le biais de l'église écossaise et devais, en costume de soldat nordiste, durant la guerre de Sécession, jouer à la tête d'un détachement irlandais, un air bien connu (*Garry Owen*), et, l'acteur (Mastroiani) incarnant le général Custer, fier sur son cheval, devait, aux premiers sons de ma cornemuse, venir passer les troupes en revue. Serge Reggiani jouait le rôle d'un chef indien, Philippe Noiret, Hugo Toniazzi, et Catherine Deneuve étaient également présents. Une distribution impressionnante ! L'accès au lieu du tournage était gardé par la police. Un détachement de cavalerie couvert de poussière arrivait par le boulevard Sébastopol et un camion était venu déverser des chevaux morts (en caoutchouc, bien sûr). Tout était prêt pour la célèbre bataille de *Little Big Horn* où l'armée du Nord avait subi, face aux Indiens bien supérieurs en nombre, une défaite cuisante. Ce tournage fut pour moi une expérience mémorable.

Ma seconde expérience fut un film de Nadine Trintignant, tourné dans la forêt d'Ermenonville en 1976. J'avais une fois de plus été contacté par des studios de cinéma, *via* l'église écossaise. Ils souhaitaient que je réunisse autour de moi une dizaine de *pipers* portant les mêmes uniformes et jouant les mêmes partitions, chose impossible à Paris... Après avoir contacté mes amis du *Hoover Pipe Band* à Glasgow, qui acceptaient de venir sans être payés (les *pipers* ont, en fin de compte, touché leur paye en qualité de « figurants musiciens » comme c'était prévu dès le départ). Je n'étais pas peu fier quand je suis allé chercher mes amis arrivés à Roissy en uniforme de parade (pour éviter d'avoir à porter des bagages). L'accueil fut chaleureux, une réservation fut faite dans un hôtel situé près de la place Clichy. Le tournage commença dès le lendemain de leur arrivée. Un car venait chercher le *Pipe Band* le matin pour l'emmener sur le lieu de tournage. Le soir nous partions en kilt dans les rues de Paris, cornemuse en tête. Les amis écossais ont dû rester un jour de plus après avoir prévenu leurs employeurs car le tournage n'a pas pu se faire durant toute une journée du fait de la pluie. Ils ne s'en sont pas plaint bien sûr ! L'acteur Jean-Louis Trintignant, mari de Nadine, venait souvent nous faire un brin de causette. Le tournage restera gravé dans la mémoire de tous ceux qui sont venus à Paris, notamment le *Pipe major* Franck Melabe avec qui j'ai gardé d'excellentes relations.

1975 : période Amérique Latine à Paris

L'ensemble chilien « Quilapayun ».

La France connut sa période andine avec la « Quena » ou « flûte des Andes », une simple flûte en roseau accompagnée de guitares et de tambours des Andes. Beaucoup de groupes latino-américains se produisaient un peu partout : « los Incas », « les calchakis » pour citer les plus connus. C'était la mode ! L'Escale, rue Monsieur Leprince (au Quartier Latin), café bar où là aussi des musiciens latino-américains se produisaient faisait salle comble tous les soirs de 22 heures à 2 heures du matin. L'air le plus connu étant « El condor pasa » tiré du folklore péruvien.

Je jouais moi-même de cet instrument, la quena, au son si envoûtant, et j'étais souvent accompagné par un guitariste chilien et un joueur de charango argentin (petit instrument à corde dont la caisse de résonance est constituée d'une carapace de tatou). Nous avions l'habitude de jouer, quand le temps le permettait, place de la Contrescarpe.

Ce musicien chilien m'avait proposé d'aller à la Cité Universitaire écouter un groupe de son pays composé de cinq musiciens chantant des morceaux subversifs. En fait, il s'agissait du « conjunto Quilapayun » (l'ensemble Quilapayun) qui s'est rendu célèbre en Europe ! Ces cinq musiciens et chanteurs, qui étaient tous membres du PC chilien, ont eu la chance de ne pas se trouver au Chili au moment du coup d'Etat du Général Pinochet qui pratiquait un véritable régime de terreur. Les têtes de nos musiciens étaient bien sûr mises à prix !

J'ai donc fait la connaissance de ce groupe que j'ai souvent accompagné dans les nombreuses salles qui les programmaient. Ils ne parlaient pas le français, je les aidais et leur servais d'interprète pour annoncer leur tour de chant avec toutes les explications à l'appui.

Ils étaient logés à Colombes, dans des appartements mis à leur disposition par le PC français. J'ai rencontré par leur intermédiaire le célèbre chanteur et poète argentin Atahualpa Yupanki, très occupé au moment de la guerre des Malouines, puis j'ai été invité au théâtre de l'Odéon pour rencontrer Jean-Louis Barrault qui nous a reçus très cordialement et avec qui nous avons longuement discuté. Ils avaient le statut de réfugiés politiques et commençaient à faire parler d'eux. Ils ont également enregistré quelques 33 Tours. Ils ont appris le français assez rapidement et donnaient des soirées très sympathiques. Leurs chansons étaient, bien sûr, fort orientées. C'était ce qu'on appelle les « *canciones de protesta* », pro-Allende accompagnées d'instruments du folklore latino-américain : kenas, guitares, charangos et bombos (tambours des Andes) pendant que leurs femmes préparaient des « empanadas », des petits chaussons fourrés de bonne viande et de grains de raisin.

RENCONTRE AVEC MARIE-CLAUDE À MOSCOU 1980

Après quelques expériences professionnelles, j'avais repris contact avec l'agence LVJ (Loisirs et Voyages de la Jeunesse) prête à recruter des accompagnateurs russophones. C'est ainsi que j'ai connu le Caucase, notamment la Géorgie, pays que j'ai beaucoup apprécié. J'ai même eu l'occasion de créer moi-même, à la demande d'LVJ, un groupe d'une dizaine de personnes que j'ai conduit dans le Caucase.

Parmi les circuits proposés par l'Agence, figurait « la vieille Russie » comprenant les anciennes principautés russes : Kiev, Vladimir et Souzdal, le Caucase (Arménie, Géorgie, Azerbaïdjan) ainsi que Moscou-Leningrad.

C'est au cours d'un de ces voyages que j'ai rencontré celle qui allait devenir mon épouse, Marie-Claude. Elle avait choisi le circuit Moscou-Leningrad et c'est à Moscou, à l'hôtel Métropole, que nous avons fait connaissance.

De retour à Paris, Marie-Claude et moi avons envisagé de nous installer dans l'appartement qu'elle louait dans le XVe arrondissement, rue Violet.

Marie-Claude m'a sérieusement aidé dans ma recherche de travail. Elle a eu l'excellente idée de rechercher dans le bottin les coordonnées de Georges Vaugier avec qui j'avais fait mon service militaire et qui avait réintégré son poste de secrétaire des Affaires Étrangères, pensant qu'il pouvait éventuellement m'aider à trouver du travail.

Ce fut le cas, et, c'est avec plaisir que nous nous sommes retrouvés. Georges m'avait aussitôt suggéré d'aller voir son épouse en poste à la Direction des Affaires Culturelles du Ministère. Elle m'a orienté vers un bureau qui recrutait. J'ai donc eu un rendez-vous rapidement et un poste à Bagdad (Iraq) m'a été proposé, celui de Directeur d'un CEDUST (Centre d'Etudes et de Documentation Universitaire, Scientifique et Technique). Ce poste était rattaché à l'Ambassade, mais bénéficiait d'une totale autonomie et d'un budget alloué par Paris. Il est évident que, compte tenu de la situation du pays (en guerre contre l'Iran), ce poste n'attirait pas grand monde !

N'ayant pas le choix, après quelques jours de réflexion, j'ai accepté, la mort dans l'âme, la proposition qui m'était faite, en me disant que peut-être cela me serait utile !

1982 : Je devais donc partir, quitter Marie-Claude, ma famille et mon cocker, un animal adorable auquel je m'étais attaché. Il trouva fort heureusement accueil chez mon frère qui était propriétaire d'une maison à Sainte Geneviève des bois. Mon neveu était ravi de s'occuper de cet invité. Marie-Claude, quant à elle, ne pouvait pas m'accompagner. Elle n'avait pas de contrat de travail et nous n'étions pas mariés. J'avais tenté de présenter mon cas à mon ambassadeur qui m'avait reçu et m'avait dit qu'il ne pouvait rien faire pour moi... La solution unique était le mariage !

Nous avons tout de même eu l'idée de nous rencontrer à Istanbul faisant ainsi, chacun, la moitié du chemin. Nous avons également eu la chance de nous retrouver deux fois à Bagdad, grâce à un compatriote, un certain Firoloni, directeur local de la firme CII Honeywell Bull qui avait imaginé de faire venir Marie-Claude pour une dizaine de jours avec un faux contrat. Nous avons décidé de nous marier à mon prochain retour.

SECONDE PÉRIODE

Retour à Paris pour congé.
Mariage le 7 septembre 1983.

Le mariage a été prononcé et s'est déroulé en toute simplicité à la Mairie du XIXe arrondissement, dans le quartier de mon enfance, face au parc des Buttes Chaumont.

Étaient présents : mon frère René, ma nièce Laetitia, le père de Marie-Claude. Son frère Jean-Michel, qui venait de subir une intervention chirurgicale était malheureusement hospitalisé. L'oncle de Marie-Claude, Pierre et quelques amies de Marie-Claude étaient également de la fête. Ce fut une « rude épreuve » pour Marie-Claude m'a-t-elle avoué plus tard car compte tenu de mon faible enthousiasme, elle se demandait si j'allais dire « oui ».

Nous avions choisi de nous installer dans mon appartement, situé Rue Manin, à côté de la Fondation Rothschild (hôpital ophtalmologique).

Une fois mariée, Marie-Claude allait pouvoir venir me rejoindre en Iraq. Elle attendait d'une part le passeport que devait lui délivrer le ministère des Affaires Étrangères, d'autre part, sa titularisation en qualité de psychologue clinicienne.

En ce qui me concernait, le temps de mon congé étant écoulé, je devais regagner mon poste au plus tôt. J'ai décidé cette fois d'emmener mon chien, un superbe cocker noir, après une visite chez le vétérinaire et des papiers en règle. Je suis donc reparti à Bagdad, heureux de savoir que Marie-Claude allait me rejoindre sous peu.

IRAK 1982-1987

L'Iraq sera le premier pays marquant le début de ma carrière diplomatique. Je n'ai jamais regretté d'avoir accepté ce poste qui m'aura mis le pied à l'étrier. Je logeais à Bagdad dans une villa très agréable à côté d'une palmeraie, à deux pas du fleuve « Tigre », dans le quartier chic de *Jadriah* avec deux autres locataires appartenant au Service Culturel de l'Ambassade. Cette résidence était située à environ 2 km de l'Ambassade.

Je suis arrivé en 1982. Les hostilités avec l'Iran, qui avaient débutées en 1980, suivaient leur cours. L'aviation iranienne avait, à maintes reprises, bombardé Bagdad en survolant le Tigre à très basse altitude afin d'éviter les radars. Des missiles (SCUD B soviétiques) avaient pareillement été lancés dans plusieurs quartiers de la ville. Sur la ligne du front, c'était une véritable guerre de tranchées, comparable à la première guerre mondiale. Les combats se déroulaient à environ 180 km de Bagdad. L'armée irakienne disposait d'environ 500 000 hommes sur le front. Le soir, des camions et véhicules blindés chargés de troupes prenaient la route dans sa direction.

J'ai dû me mettre à un travail que je ne connaissais pas, notamment recevoir les étudiants demandeurs de bourses en France. Ma secrétaire, Mme Tortosa, très efficace, m'a rendu bien des services. J'ai dû aussi m'habituer à la vie d'un expatrié d'une part, d'un fonctionnaire d'autre part avec de nombreuses réceptions à la résidence de l'ambassadeur ou des diners chez les uns ou chez les autres. Nous avions une journée de libre, le vendredi, contrairement aux diplomates britanniques qui avaient réussi à obtenir deux jours de congé par semaine, le vendredi et le samedi.

En ville, il était clair que les magasins étaient plutôt vides, le front étant bien évidemment prioritaire. Les cigarettes étaient vendues au marché noir dans les réceptions des grands hôtels.

Chose indispensable pour tout arrivant, l'achat d'un véhicule. J'ai pris contact avec les responsables de Renault qui disposaient d'une dizaine de voitures 4L neuves stationnées au Koweït, le pays voisin, mais indisponibles pour l'heure ! Il y avait malheureusement un problème : Renault, ayant vendu des voitures à Israël, devait subir un embargo. Les responsables de la firme avaient convenu de m'appeler dès la levée de cet embargo.

Ce fut l'affaire de quelques jours ! Je suis donc allé au Koweït grâce à une équipe d'archéologues britanniques se rendant dans la région de Bassorah (ville du sud de l'Iraq). Dès l'entrée au Koweit, on sentait le monde de l'argent. Une Rolls Royce perchée sur un grand immeuble faisait une rotation publicitaire. Dans les rues, pas mal de gens désœuvrés, mais vêtus comme des princes, prenaient plaisir à montrer leurs voitures (américaines) dernier modèle. Au centre-ville, beaucoup de petits supermarchés proposaient même du caviar.

J'ai donc choisi ma voiture : une Renault 4L neuve achetée à un prix dérisoire. ...

Après avoir fait quelques achats de victuailles, car nous manquions de tout à Bagdad, j'ai repris ma route. Une route sur laquelle circulaient de nombreux véhicules blindés... et pour cause, j'avais emprunté, on me le fera savoir plus tard, celle du front, un jour où l'Iraq menait une offensive de grande ampleur...

Arrivé à destination, j'ai repris mon travail. L'ambassadeur que j'avais croisé dans les couloirs, m'avait demandé où j'étais passé. Il s'était, m'avait-il dit, inquiété pour moi !

Il m'a appris que pendant cette nuit où j'étais au volant de ma 4L, faisant route vers Bagdad, l'armée irakienne avait mené une grande offensive et fait environ un millier de prisonniers. Ces derniers furent exhibés quelques jours plus tard sur une centaine de camions, dans l'artère centrale de la ville (Kerada). Dans chacun de ces camions défilant sous bonne garde, un prisonnier devait brandir sur le toit du véhicule un portrait de Saddam Hussein. Cette démonstration n'avait pas suscité beaucoup d'intérêt auprès de la population invitée à assister à cette « parade », mais plutôt attristée de voir ce spectacle, la même chose pouvant arriver à quelque parent !

Tout le monde à l'ambassade voulait voir ma voiture et certains regrettaient d'avoir acheté des américaines : elles avaient certes belle allure, mais une fois sorties de la ville, elles étaient trop basses pour rouler sur les pistes du pays ! Le vendredi, jour de repos, mon épouse et moi avions des demandes pour venir en balade avec nous. La 4L blanche haute sur pattes connaissait un vif succès. Nous fréquentions un « tell », nommé le « tell Ariri », site sur lequel, surtout après la pluie, les objets avaient tendance à monter à la surface, nous pouvions trouver des pièces de monnaie anciennes, des lampes à huile et des petits vases. Ce site avait pas mal de succès, nous pouvions même y rencontrer notre ambassadeur !

Je faisais le maximum pour que Marie-Claude ait un contact agréable avec son nouveau pays de résidence. Enfin, elle m'annonça son arrivée et ce fut pour moi un grand jour. J'étais le seul locataire de la maison désormais. Marie-Claude était déjà venue deux fois à Bagdad et avait ainsi eu un avant-goût de la vie que nous allions mener loin du front mais ressentant tout de même que quelque chose se passait dans le pays. Cependant nous, expatriés, menions une vie calme et tranquille.

Après quelques journées d'adaptation à une nouvelle vie (pas comme les autres), l'idéal était de lui trouver un travail.

Dynamique comme elle l'était, elle ne tarda pas à répondre à une annonce proposant un poste au ministère de l'Information, organe important diffusant la propagande de Saddam Hussein. Marie-Claude était chargée de corriger des articles qui devaient être publiés en français dans la revue « Bagdad » par une équipe de journalistes francophones dont les textes en français laissaient plutôt à désirer. Elle en était ravie. Saddam Hussein en personne était venu féliciter l'équipe travaillant sur cette revue.

Pendant la période de la « guerre des villes », Radio Téhéran avait la courtoisie d'annoncer à l'avance l'envoi de missiles sur Bagdad.

Pourtant, l'un d'eux est tombé un jour tout près de l'édifice où Marie-Claude travaillait, provoquant une très forte secousse dans tous les bureaux. Je suis allé la chercher, car elle était complètement choquée. Nous sommes partis nous changer les idées dans un restaurant.

Lorsqu'un missile tombait, un cratère d'environ 50 mètres de diamètre se formait tuant systématiquement une centaine de civils se trouvant à proximité ! Le souffle était tellement puissant que les corps des victimes de ces explosions ne montraient aucune blessure apparente.

Lorsque Marie Claude termina son travail, elle eut droit à un pot de départ et un discours de son chef lui offrant un kilim (tapis tissé), « pour avoir tenu sous les missiles ». Elle n'en était pas peu fière... et ce, à juste titre !

Nous avons également subi une vague d'attentats menés contre les intérêts français en Iraq. Les plus marquants ont été un attentat contre l'Agence Air France. Le responsable, de nationalité iraquienne, ne travaillait pas le samedi, mais exceptionnellement, compte tenu d'une urgence, il avait ouvert son agence où une enveloppe piégée l'attendait. Il est bien sûr mort sur le coup. Les Français avaient beaucoup d'estime pour lui.

Un second attentat, qui aurait été un véritable carnage, a fort heureusement été déjoué lors d'une soirée de cinéma prévue au Novotel pour la communauté française. Une voiture suspecte chargée d'explosifs avait été repérée sur le parking de l'hôtel. Il s'en était fallu de peu !

C'est à Bagdad que j'ai rencontré Jean-Claude Cousseran, qui avait le rang d'ambassadeur et a joué un rôle important dans les relations de la France avec l'Irak. Il venait régulièrement à Bagdad à titre privé voir sa mère qui occupait la fonction de directrice de l'Ecole française de Bagdad. Diplomate de carrière, il parlait l'arabe couramment. Il a par la suite été nommé directeur du SDECE, l'actuelle DGSE. Ce poste était souvent confié à un diplomate du Quai d'Orsay. Il a récemment écrit, en collaboration avec un certain Philippe Hayez, un ouvrage intitulé *Leçons sur le renseignement* traitant de l'espionnage et du contre-espionnage.

On sentait à Bagdad que la situation n'était pas normale. Nous étions en pleine guerre. Mes rendez-vous avec les professeurs d'universités étaient étranges. Ils étaient tous en uniforme et n'étaient pas sûrs de me rencontrer une prochaine fois car ils partaient pour le front et bien souvent n'en revenaient pas.

Après chaque offensive iranienne, les taxis étaient réquisitionnés, et, triste spectacle, revenaient du front portant chacun un cercueil drapé d'un drapeau iraquien. Les passants s'arrêtaient pour saluer ce convoi comprenant parfois plusieurs centaines de taxis.

« L'affaire Soldatov »

Chaque année, les ambassades étaient invitées à présenter, lors de la foire de Bagdad, quelques produits nationaux. La France présentait par le biais de son service commercial des voitures de marque RENAULT qui connaissaient un vif succès. Le service de coopération diffusait pour sa part des vidéos montrant notamment les fameux avions « SUPER ÉTENDARD » prêtés à l'Iraq dans le cadre du conflit contre l'Iran. Ce n'était pas un secret !

Notre stand connaissait ainsi un grand nombre de visiteurs !

À cette occasion et parlant le russe, j'ai, un jour, été approché par un certain Boris Soldatov, adjoint à l'attaché de défense de l'Ambassade d'Union Soviétique à Bagdad. Il était fort sympathique, mais avide d'informations concernant notre matériel militaire, notamment la livraison de jeeps remontant en colonnes depuis la Jordanie et ayant souvent un seul conducteur par véhicule. Nous avons sympathisé, parlant de la Russie et de mes connaissances du pays. J'ai bien sûr fait part de cette rencontre à mon ambassadeur. J'avais précisé à ce brave M. Soldatov que je dirigeais un service de coopération ne disposant d'aucune information sur un plan militaire. Mon épouse et moi avons échangé quelques invitations à dîner, nos propos nous rappelant la bonne vieille Russie et ses traditions.

Un soir où nous dînions chez lui, quelqu'un sonna à sa porte. Surprise générale. Le visiteur que je connaissais de vue était un membre du personnel de la Société MATRA (branche militaire) qui ramenait à notre hôte quelques cassettes de films. Il convient de préciser que MATRA disposait d'une large documentation sur les missiles de sa fabrication. Très gêné, il n'a pas accepté l'invitation qui lui était faite. Notre hôte s'est montré lui aussi très gêné, et pour cause. Quelques jours plus tard, j'ai eu, comme à l'accoutumée, la visite d'un représentant de MATRA, branche militaire, qui m'a posé quelques questions sur l'individu aux « cassettes » en ne cachant pas les soupçons que sa Direction avait sur celui-ci. À la suite d'une mission (enquête) de sa hiérarchie, il dût rentrer en France…

J'ai, pour ma part, tenté d'appeler l'ambassade d'URSS demandant à parler à ce Monsieur Soldatov qui, comme par hasard, était en mission à Moscou. D'autres appels sont restés sans réponse. Ce fameux Boris n'a plus jamais réapparu.

Aux lecteurs d'en tirer les conclusions ! Il est facile d'imaginer le rôle de cet officier du KGB. On se doute de ce qui a bien pu se passer : Moscou a certainement mis fin à sa mission !

Le soir, notre vie se déroulait normalement, nous nous invitions à dîner entre collègues de l'ambassade, en attendant les missiles annoncés par radio Téhéran ! Dès la chute d'un missile, nous montions sur les toits pour essayer de localiser le quartier qui avait été ciblé. Nous étions guidés par un panache de fumée blanche. Les communications téléphoniques étaient alors coupées et nous avions droit à un concert de sirènes de toutes les ambulances de la ville.

L'Attaché de défense de notre ambassade m'avait un jour invité à consulter, dans son bureau, sur une carte de la ville, les quartiers qui avaient déjà essuyé des tirs de missiles. Tout était bien ciblé et les tirs bien groupés. Une cinquantaine de missiles étaient déjà tombés sur la ville. Ceci donnait lieu chaque fois à des vols de la chasse irakienne avec pour objectif le bombardement des villes iraniennes frontalières.

Sites archéologiques

Peu de temps après mon arrivée à Bagdad, j'ai eu le plaisir de faire la connaissance des responsables de la DAFIQ (délégation archéologique française en Mésopotamie) dont les bureaux se trouvaient à environ 500 mètres de chez moi. Olivier Lecomte et Christine Kepinski, responsables de la délégation, qui par la suite se marièrent, devinrent nos amis et nous passions beaucoup de soirées ensemble. Nous avons, bien sûr, eu la chance de visiter les sites fouillés par nos nouveaux amis ; notamment celui de Dynié situé sur les bords de l'Euphrate, à proximité de la frontière syrienne où les paysages n'avaient pas changé depuis des siècles ! La frontière avec la Syrie était fermée, Afez El Assad, dirigeant le pays, était en conflit avec Saddam Hussein. Chose extraordinaire, j'ai retrouvé Olivier au Turkménistan (mon dernier poste) à la tête d'une mission archéologique qui entreprenait des fouilles à une heure et demie de la capitale Achgabat sur un site nommé Ulug Depe : une forteresse datant de 3000 ans avant J.-C. venait d'être mise à jour par l'équipe du CNRS.

Je citerai aussi la ville de Ninive, ancienne ville d'Assyrie, située dans les faubourgs actuels de Mossoul, sur la rive Est du Tigre, qui a connu récemment de violents combats, fondée par Nimrod, petit-fils de Noé ! On y trouve de nombreuses statues finement sculptées mais en majorité décapitées (les pilleurs, n'ayant pas les moyens de transporter ces statues extrêmement lourdes, n'avaient volé que les têtes !).

J'ai également eu la chance, dans mes derniers mois passés en Iraq, de visiter la « bibliothèque » de Sippar, disons plutôt la galerie souterraine de Sippar (située à environ une heure de Bagdad) abritant sur des étagères, une véritable collection de tablettes d'argile contenant des textes écrits en deux langues (araméen et sumérien). Ces textes relatifs à l'histoire profonde de la Mésopotamie présentaient un vif intérêt pour tous les pays de la région que leurs scribes venaient copier.

J'évoquerai notamment la « légende de GilGamech » récit légendaire de l'ancienne Mésopotamie qui se trouvait à Sippar dans son intégralité. Malheureusement, ces tablettes découvertes par une équipe d'archéologues iraquiens étaient collées entre elles et il fallait compter environ trente ans d'un travail minutieux pour les décoller !

Pendant toute cette période, notre ravitaillement quotidien n'était pas toujours facile. Nous avions la possibilité d'aller faire un tour en Jordanie, histoire de nous « aérer » et, profitant de cette occasion, de faire des achats et visiter les superbes sites de ce pays : Petra[6], la cité nabatéenne que les Romains n'ont jamais pu prendre, Jerash, etc. Nous avons même à plusieurs reprises poursuivi notre route jusqu'en Syrie en empruntant la route de Damas bordée de missiles russes dirigés sur Israël.

Lors d'une de nos échappées en Jordanie et en Syrie, nous avons assisté à Palmyre, au cœur de la Syrie à un rassemblement qui avait pour but de réunir les jeunes caucasiens (notamment des Tcherkesses) en vue d'éventuels mariages. La communauté caucasienne dont la langue est le circassien est très importante en Jordanie. La ville d'Amman a été construite, il est bon de le rappeler, par des Géorgiens. La garde personnelle du roi de Jordanie est composée de Tcherkesses ayant gardé leur uniforme traditionnel. Beaucoup de caucasiens occupent encore, à l'heure actuelle, des postes importants au sein de l'Etat. Nous avons passé la nuit à Palmyre, dans un hôtel Novotel en construction, au milieu des ruines, dans un décor fabuleux. Le directeur du site nous a vendu deux colliers romains.

---

[6] Petra, « Rocher » en grec ancien, cité nabatéenne située au sud de l'actuelle Jordanie, pôle touristique majeur du pays. Elle a été créée dans l'Antiquité vers la fin du VIIIe siècle avant J.-C. par les Edomites puis occupée vers le VIe siècle avant J.-C. par les Nabatéens qui la font prospérer grâce à sa position sur la route des caravanes transportant encens, épices et autres produits entre l'Arabie du Sud et l'Egypte. Creusée dans le roc, elle a résisté aux attaques des armées romaines.

Revenons à Bagdad… Pour acheter des fruits et des légumes, il fallait sortir de la ville et, malgré cela, beaucoup de produits manquaient. Nous avions tout de même, compte tenu de notre statut diplomatique, la possibilité de commander ce que nous voulions à la Société Justesen qui nous livrait régulièrement avec l'arrivage tant attendu des « valises ». Amman, en Jordanie, a pendant longtemps été notre point officiel. La valise diplomatique y arrivait et un membre de notre ambassade était chargé d'aller la chercher : 900 kilomètres de désert. Il fallait bien sûr se munir de bidons d'essence car il n'y avait aucune station sur la route. Nous y allions à tour de rôle. Quand ce fut mon tour, le consul me reçut arme à la main car le consulat avait été victime d'un attentat. La personne chargée de la mission « Amman » devait également ramener beaucoup de choses, commissions pour les uns et les autres, change d'argent à un taux intéressant.

Cela avait parfois un côté burlesque quand la marchandise (notamment les fromages) arrivait de Rungis à deux heures du matin ! Nous étions tous sur les marches de l'ambassade attendant la distribution des marchandises commandées.

Selon mon habitude, j'ai cherché auprès de l'ambassade de Grande-Bretagne, s'il y avait quelqu'un qui jouait de la cornemuse, comme souvent dans les communautés britanniques. J'ai eu la chance d'avoir un contact avec un certain Alex Wood, écossais qui jouait en Grande Bretagne avec un *pipe band* de 2e catégorie (grade 2) d'excellent niveau. Il travaillait à Bagdad pour une firme britannique et se rendait libre le vendredi. Il venait donc régulièrement à notre maison. Il m'a beaucoup aidé et s'est montré « bon professeur ». Nous nous sommes revus par la suite à Glasgow aux championnats du monde de *pipe bands*. Puis son épouse nous a appris un jour son décès. Il est dommage que je n'aie pas pu contacter le frère d'Alex qui vit à Edimbourg. Il avait eu la gentillesse de me confectionner une épingle à kilt en argent massif en forme de claymore (épée écossaise) et me l'avait offerte par l'intermédiaire d'Alex.

Pour en revenir à l'Irak, j'ai connu ce pays en guerre durant tout mon séjour de près de cinq ans (départ en 1987). Cette guerre, une véritable « boucherie », aura duré huit ans faisant en tout 800 000 morts. Les hostilités furent déclenchées par Saddam Hussein pour les motifs suivants : le tracé de la frontière Iraq-Iran et, le danger que représentait l'Iran pour l'Iraq, à cause de la révolution islamique perçue comme une menace par les pays arabes ainsi que par les pays du golfe. Saddam Hussein avait cru que son offensive allait régler le problème en une « guerre éclair », mais il s'était trompé : le cessez-le-feu s'est produit en 1988 et les combats n'ont cessé que le 20 août de cette même année.

Il est bien évident que la visite de Babylone était très demandée par nos visiteurs !

Les murs de la cité de Babylone avaient été reconstruits, mais la porte d'Ishtar (actuellement en Allemagne) manquait au décor !

A l'instar de son voisin iranien, Saddam Hussein avait organisé un défilé grandiose où les participants étaient vêtus de costumes anciens. Babylone dont la fondation datait de 2300 av J.-C., logée sur l'Euphrate, avait connu son apogée au VIe siècle avant J.-C. Elle constitue un des sites les plus importants du Proche-Orient ancien, mais elle a connu des fouilles tardives (début du XXe siècle).

PARIS 1987

De retour à Paris, je me suis vu affecté rue La Pérouse où se trouvaient les bureaux de la DGRCST (Direction Générale des Relations Culturelles Scientifiques et Techniques) et j'ai eu pour mission de superviser les opérations de la coopération scientifique et technique menée par nos postes à l'étranger. Notre bureau composé de quatre personnes était fort sympathique et apprécié par la Direction Générale. N'étant pas encore titularisé, il fallait « ramer » : se faire bien voir, dans l'espoir d'obtenir un autre poste à l'étranger. J'ai eu la chance d'aller au Brésil effectuer, à la demande de ma hiérarchie, l'inspection de trois postes : Rio, Brasilia et Sao Paulo, au moment du sommet de l'environnement qui se tenait à Rio.

Après une visite de la ville de Rio, j'ai été reçu par le conseiller culturel qui me montrait depuis sa terrasse les lumières des « favelas » qui ne cessaient d'augmenter. Je me tenais sur mes gardes et me déplaçais avec peu d'argent sur moi. Une ville surprenante où dans les quartiers du centre, les riverains sortaient de chez eux en maillot de bain et se trouvaient d'emblée sur la plage !

À Brasilia, j'ai été reçu par un ami, Georges Brattin, qui exerçait à ce moment les fonctions de consul auprès de notre ambassade.

Entre parenthèses, cette ambassade a été construite par Le Corbusier… ce qui n'a eu aucun effet sur moi. Ce bâtiment, pour moi, exprime la laideur !

Avant de reprendre ma route pour Sao Paulo, bien reçu par le premier conseiller, et mon ami Brattin, j'ai visité cette ville qui, par rapport à Sao Paulo respirait le calme. J'ai logé chez l'ami Brattin qui disposait d'une superbe villa avec une piscine. J'avais plaisir à discuter avec les marchands de pierres précieuses qui faisaient signe aux passants pour leur proposer cette belle marchandise rangée dans de petits portefeuilles en carton. M'y connaissant un peu, j'ai fait l'achat de quelques pierres : émeraudes, aigues-marines et améthystes, pensant, bien sûr, à de jolis cadeaux destinés à mon épouse Marie-Claude. Une pierre portée chez un bijoutier était transformée en bague dès le lendemain.

Mon séjour à la rue La Pérouse aura été fort agréable, ce qui ne m'empêchait pas de signaler mon existence auprès de la DG, en vue d'une prochaine affectation à l'étranger. Le hasard fit qu'un certain J.-J. Gaillarde que j'avais connu pendant mon service militaire, occupait un poste important à la Direction du personnel et pouvait décider de nominations à certains postes.

Sachant que je connaissais l'espagnol, Il me proposa un poste de conseiller de coopération à Panama.

Je connaissais déjà le pays, à la suite de mon séjour au Costa Rica, d'une part, et à mes périples avec Robert Vergnes, d'autre part ; j'ai donc accepté.

PANAMA 1987-1991

Le voyage du départ fut laborieux, ma femme et moi avons mis plus de 24 heures pour arriver à destination Paris-New-York-Miami-Panama, avec notre pauvre chien transbahuté dans sa cage, d'avion en avion. Il nous a fallu passer une nuit à New-York, et il nous a fallu l'aide d'un policier (d'origine française) pour que notre Kouki soit accepté dans un des hôtels de l'aéroport. Enfin, ce fut l'arrivée à destination. Nous fûmes accueillis par un conseiller de notre ambassade, mais, notre chien a dû faire l'objet d'une quarantaine (une dizaine de jours !). Les choses auraient pu se passer autrement, si notre conseiller, connaissant pourtant les habitudes du pays, avait glissé quelques dollars dans la main d'un douanier…

Enfin, nous avons dû loger quelques temps dans un hôtel qui avait accepté notre chien moyennant finance en attendant de trouver un appartement. Nous avons eu finalement la chance d'en trouver un face à la mer dans un immeuble datant des années trente et dont la terrasse faisait à elle seule 100 mètres carrés.

Nous sommes arrivés dans un pays en pleine effervescence et nous assistions à des manifestations répétées contre le pouvoir, dans la rue centrale (la *calle Espania*). C'était le bras de fer entre le « Dictateur du pays », le Général Noriega et les États-Unis. Dès qu'une manifestation des *civilistas* anti-Noriega, tous vêtus de blanc, se formait, Noriega lançait ses forces anti-émeutes, et tout le monde disparaissait en un temps record !

Les ambassades européennes avaient commencé à boycotter les rencontres avec les autorités en place. Nos collègues ne comprenaient pas pourquoi nous avions toujours des contacts avec la junte militaire. La réponse que je donnais était simple : tant que les relations diplomatiques n'étaient pas rompues entre nos deux pays, nos relations restaient intactes.

Comme tous les matins, je me rendais à l'ambassade, quand une patrouille d'hommes en armes m'a demandé de garer ma voiture et de renoncer à poursuivre ma route vers mon ambassade, et pour cause ! Ces hommes en armes faisaient partie des brigades spéciales du Général. Un coup d'état venait de se produire et quelques soldats des forces régulières avaient emprisonné le général. Les Américains prévenus de cet attentat pensèrent qu'il s'agissait d'un mensonge et n'intervinrent pas. Ils ratèrent l'occasion d'arrêter Noriega qui fut très vite libéré par les forces spéciales qui entouraient le quartier général des forces armées où se trouvait le Général. L'officier supérieur qui avait organisé cette arrestation fut l'objet de sanctions dont nous ne connaissons pas le déroulement. Certains parlent de peine de mort, une exécution d'une balle de revolver dans la nuque par le Général.

Nous avons eu le privilège d'être invités à bord de bâtiments de la marine nationale (la Royale), lorsqu'ils faisaient escale à Panama. Nous avons ainsi eu le plaisir d'être accueillis à bord de la « Jeanne d'Arc » à l'occasion d'un de ses tours du monde, en qualité de représentant de la France.

Lors du dernier passage de la Jeanne, avant les événements, son capitaine avait invité, selon la tradition, le personnel diplomatique de notre ambassade ainsi que le chef d'Etat du moment, le Général

Noriega. Mon ambassadeur m'avait désigné, à cette occasion, pour faire office d'interprète durant l'entretien entre le Général et le Capitaine de la Jeanne, en présence de l'ambassadeur et de l'attaché de défense de notre poste diplomatique. Cette réunion s'était tenue avant un dîner de première dans le salon d'honneur de la Jeanne.

Nous avons trouvé un moment pour rencontrer les différentes ethnies du pays, les indiens « kunas » avides de billets verts : ils vendaient des « molas », de très jolis carrés de tissus semblables à des patchworks conçus par les femmes et cousus sur leurs robes. Un deuxième groupe ethnique : les « Chocos » installés par familles dans la région sud de Panama (la forêt du Darien menant jusqu'en Colombie) et vivant de chasse et de pêche. Ils vivent presque nus. Les hommes ne sont vêtus que d'un morceau d'étoffe de couleur vive retenu aux hanches par une ficelle. Les femmes ne portent autour de la taille qu'une étoffe drapée qui descend à mi-cuisse.

Le service culturel avait livré dans un village peuplé d'indiens Gayamies une dizaine de machines à coudre afin de les aider à confectionner de jolis vêtements riches en couleurs.

L'expédition dura environ trois heures, les marchandises étant chargées sur des « pirogues » munies d'un moteur.

L'ambassadeur voulut m'accompagner pour diriger l'opération. Un dîner copieux à base de poissons pêchés localement nous attendait et des hamacs furent mis à notre disposition pour passer la nuit !

Les hommes entretiennent les plantations de platanos, bananes, maïs ou canne à sucre qu'ils vont vendre à leurs voisins. Les femmes cuisinent.

Comme en Irak, Panama n'était pas destinataire de la valise diplomatique. L'ambassade dépendait de Bogota en Colombie, à trois quart d'heure de vol. Il fallait y aller avec des gardes de sécurité armés car la ville de Bogota était dangereuse.

Célébration du Bicentenaire de la Révolution

Les postes diplomatiques avaient reçu de la part du ministère des directives concernant la célébration du bicentenaire de la Révolution française. Le ministère nous avait inondé d'ouvrages sur la Révolution et certains postes avaient même reçu des malles remplies de costumes. Par exemple au Costa Rica, tout le personnel de l'ambassade, y compris le chef de poste, se retrouva habillé en costume révolutionnaire pendant une journée entière. Ce ne fut pas le cas pour le poste de Panama.

Mon épouse avait tout d'abord organisé, à notre domicile, une soirée « prélude à la Révolution » en habillant des mannequins de costumes révolutionnaires faits maison avec le concours de bénévoles et l'aide de tailleurs qui nous avaient offert des tissus. Ces mêmes tissus servirent ultérieurement pour habiller les acteurs d'une pièce écrite par mon épouse et traduite en espagnol.

Pour en revenir aux soirées « préludes », elles furent organisées en trois fois. Il s'agissait d'écouter un enregistrement des « Noces de Figaro » après une brève présentation marquant l'approche de la révolution. Une séance spéciale fut même organisée pour les enfants de l'école franco-panaméenne.

La pièce ayant pour titre *El pan de la libertad* (Le pain de la liberté), après avoir été présentée et acceptée par l'ambassadeur, connut un vif succès. Neuf représentations furent données au total, dans un joli petit théâtre de style italien, mais malheureusement nous avons dû interrompre les représentations en raison des événements : l'intervention imminente des Américains.

Beaucoup avaient participé bénévolement aux répétitions de la pièce. Ce fut un long travail. La confection des costumes, notamment, prit beaucoup de temps. Il fallait habiller une trentaine de personnages, jusqu'à confectionner des perruques. Parmi eux se trouvaient deux acteurs professionnels ayant accepté de jouer bénévolement.

Nous avons également eu l'idée de monter une exposition utilisant nos mannequins. Nous avions même trouvé un canon que nous avions placé à l'entrée de l'exposition. Une maquette de la forteresse de la Bastille réalisée par mes soins siégeait au centre de la pièce principale, ainsi qu'une exposition d'assiettes peintes par nos soins, représentant des motifs révolutionnaires copiés d'après des ouvrages appropriés. Paris eut des échos sur le travail mené à Panama pour le bicentenaire et mon épouse reçut une lettre la félicitant de la part de Cécile Pozzo di Borgo, diplomate du quai d'Orsay, nommée spécialement pour superviser le bon déroulement des manifestations organisées par nos postes.

L'intervention militaire américaine

Prenant pour prétexte l'existence d'un important trafic de drogue mené par le Général Noriega, les Etats-Unis ont lancé une intervention militaire que beaucoup de panaméens prévoyaient, voire souhaitaient.

La célébration du bicentenaire de la révolution suivait son cours, et, nous étions en pleine semaine du cinéma. Paris nous avait fait parvenir un bon nombre de films sur le thème de la révolution. Lors de la dernière projection : *Le dialogue des carmélites* nous avons entendu une forte explosion. Il s'agissait du bombardement du quartier général des forces armées panaméennes. L'intervention militaire américaine commençait !

Un ciel embrasé, des gens apeurés courant dans tous les sens, à la radio locale, un discours du président Bush annonçant au peuple panaméen l'intervention !

Ce fut une véritable opération militaire avec tout ce que cela implique. La date choisie correspondait, comme par hasard, à la découverte d'un charnier à Timisoara, lors des évènements dans les Balkans, de quoi attirer l'attention de la presse internationale !

Le Président Bush annonça l'opération par message radio : parachutages de troupes, débarquements, arrivages de troupes par cargos qui, entre parenthèses, essuyèrent quelques tirs d'artillerie. Plusieurs avions américains ont été endommagés. 15 000 hommes au total prirent part à l'opération. Ils venaient s'ajouter aux 15 000 hommes, toutes armes confondues, présents en permanence sur le sol panaméen pour assurer la protection du canal. Les fameux *Marines* ont tout de même été dépêchés en renfort.

La ville a vite été couverte de barrages militaires, sacs de sable, mitrailleuses. Le dispositif classique était mis en place. Le personnel de l'ambassade s'est retrouvé complètement isolé. Nous habitions tous des quartiers différents. Le Conseiller commercial habitant près de chez nous venait nous ravitailler. Malgré sa plaque diplomatique, il devait rouler à 10 km à l'heure et brandir un drapeau blanc pour passer les quelques *Check points* qui nous séparaient.

Les Américains ne faisaient absolument pas cas de notre statut diplomatique et nous demandaient systématiquement d'ouvrir les coffres de nos voitures : ce que nous refusions, évoquant notre statut diplomatique et demandant à parler à des responsables militaires. La meilleure armée du monde ! J'ai plutôt eu l'impression d'une armée riche en équipements, mais totalement incompétente. Le musée archéologique de la ville avait été visité par les Américains qui seuls pouvaient y pénétrer. Un drapeau historique (le premier drapeau du pays) a même été volé par des militaires américains dont le comportement méritait d'être dénoncé. Des viols ont même été commis durant cette période, alors que les petites employées de maison se mettaient sur leur trente et un dans l'espoir de rencontrer un soldat américain susceptible de les emmener aux USA, un rêve !

Un capitaine de ce fameux régiment de rangers, à la tête de ses hommes, est venu frapper à la porte de notre ambassade pour nous demander par quel chemin il pouvait aller à un fort militaire : fort Amador situé à 500 mètres de l'ambassade. Où étaient donc les cartes d'état-major ?

Bien évidemment, la garnison panaméenne avait déjà plié bagages. Ce même capitaine nous a raconté que son groupe pensant avoir un peu de répit, donc du repos, avait été surpris par des commandos sortant d'une camionnette anonyme qui, faisant feu, avaient tué deux de ses soldats. Les unités spéciales de Noriega formées par les Américains leur ont tout de même donné du fil à retordre. Des patrouilles américaines sillonnaient la ville en colonnes. Ces soldats étaient jeunes et pour beaucoup, c'était leur baptême du feu. Ils étaient tendus, le doigt sur la gâchette de leurs fusils d'assaut, prêts à tirer.

L'aviation américaine avait bombardé pendant la nuit un quartier entier de maisons en bois occupées par une population défavorisée. Beaucoup sont morts brûlés vifs pendant leur sommeil. Les Américains se sont empressés d'interdire aux journalistes l'accès à ce quartier, et de débarrasser, au plus tôt les nombreux cadavres se trouvant sur les lieux, avec l'aide de médecins panaméens. Ceux-ci, les mettant dans des sacs, en comptaient deux à trois fois plus que le nombre annoncé par les Américains !

L'arrivée des troupes américaines avait donné lieu à une vague de dénonciations. Nous avons reçu pas mal d'appels de la part de Français nous disant : les Américains sont devant ma porte et veulent entrer pour perquisitionner, que dois-je faire ? Notre réponse était de parler avec le responsable, lui demandant d'attendre l'arrivée de notre consul et de ne rien faire avant. Le mari de la directrice de l'école française ayant travaillé pour l'administration de Noriega s'est vu passer les menottes par la patrouille américaine qui le recherchait. Nous sommes intervenus avec le consul pour le faire libérer tout de suite. Les appels de la part de nos compatriotes résidant à Panama étaient nombreux.

Claude Vergez, nièce du célèbre avocat, Maître Vergez, et son mari Edmundo, craignaient une perquisition. Le couple de tendance communiste avait fait des études à l'Université de Moscou. Ils étaient tous deux pneumologues. Ils avaient été dénoncés par leurs voisins. Edmundo avait exercé son métier de médecin sur le front, durant la révolution sandiniste et avait de plus une fille vivant à Cuba.

Disposant de l'immunité diplomatique, et, ne craignant aucune perquisition, je leur ai proposé de venir chez moi en attendant la suite des événements. J'ai prévenu l'ambassadeur qui a approuvé cette décision. Ils ont donc logé à mon domicile avec leur fille, Sandra, durant une quinzaine de jours environ.

Depuis notre appartement spacieux qui donnait sur un superbe parc face à la mer, nous pouvions voir pas mal de choses, notamment l'arrivage par d'énormes hélicoptères de petits véhicules blindés pouvant transporter jusqu'à 13 hommes.

Le Général Noriega quant à lui avait disparu. Nous apprîmes qu'il avait trouvé refuge à la nonciature apostolique. Dès l'annonce de cette nouvelle, après l'interview qu'avait obtenu Christine Ockrent, le quartier de la nonciature fut complètement bouclé, cerné par les *Marines* d'une part, les journalistes d'autre part. Ces derniers louaient à prix d'or les appartements donnant sur la nonciature attendant de manière fébrile la reddition du Général afin d'obtenir les meilleurs clichés ! Après avoir localisé celui-ci, les Américains imaginèrent de le faire sortir de sa tanière en mettant en marche une sono à plein rendement… sans résultat !

Au bout de quelques jours, sur les conseils du nonce apostolique, Noriega se rendit aux autorités américaines. Entre temps, ces derniers avaient violé les conventions internationales et pénétré de force dans deux ambassades à la recherche du Général : celles de Cuba et du Nicaragua.

L'épisode Endara

Les Américains cherchaient, à tout prix, un Président. Un certain Endara, homme politique de faible niveau fut désigné.

Ce personnage prêta serment en anglais dans une base militaire américaine. Ce qui fut un choc pour les vrais panaméens de cœur !

Compte tenu des dommages causés par l'aviation américaine lors de la première nuit de bombardements, un quartier entier fut rasé et bon nombre de Panaméens furent tués durant leur sommeil ! Le Président Endara demanda aussitôt aux américains à ce que le pays soit indemnisé…

Les sommes promises se faisant attendre, il décida de faire la grève de la faim au cœur de la cathédrale de Panama.

Mon frère qui venait d'arriver pour me voir me demanda : que peut-on voir en ville ? Ma réponse fut immédiate : il faut avant tout aller saluer le Président à la cathédrale, ce que nous fîmes en premier lieu. Cela devenait une véritable attraction et il y avait foule pour pénétrer dans la cathédrale et saluer le Président.

Entre temps, son épouse, une très jeune femme d'origine chinoise, se battait à coup de sac à main avec les journalistes qui voulaient l'interviewer.

Plus tard, lors du passage d'un bâtiment de la Royale (marine française), son mari invité en qualité de chef de l'État devait emprunter une passerelle pour accéder à un pont où les fusiliers marins alignés l'attendaient pour la prise d'armes traditionnelle. Nous avons eu maille à partir avec son épouse qui voulait le suivre alors qu'elle devait l'attendre dans le salon d'honneur, donc, emprunter une autre passerelle.

Après le départ des troupes américaines emportant un chargement impressionnant d'armes saisies (Panama était une plateforme, un fournisseur d'armes pour toutes les guérillas d'Amérique latine) c'était la véritable raison de l'intervention américaine, la situation du pays était devenue dangereuse. Les attaques à main armée se multipliaient, et le trafic de drogue avait repris. Des patrouilles mixtes, motorisées, comprenant des militaires américains et des policiers panaméens parcouraient la ville pensant en assurer la sécurité, ce qui n'empêchait pas les hold-up dans les restaurants et le pillage. La délinquance gagnait du terrain ! Les clients se trouvaient vite dévalisés. Les autorités panaméennes avaient lancé un message par la voie du vice-président à la radio nationale conseillant à la population de se munir d'armes ! Les armureries furent rapidement vidées. La devise dictée par le vice-président était « Voleur vu, voleur mort ». À la sortie de la ville se trouvait un quartier très pauvre nommé San Miguelito que tout Panaméen redoutait : attaques à main armée, cambriolages, etc. Au lendemain de l'intervention nous avons, avec le premier conseiller, fait un tour dans ce quartier et, à notre grande surprise, tous les jeunes étaient assis sur le pas de leur porte exhibant des chaussures de sport flambant neuves, de marque Adidas, Nike ou Puma. Le père Noël était sans doute passé par là !

À la suite de cette période mouvementée, mon épouse et moi avions souhaité visiter tout d'abord la zone du canal ainsi que le petit musée mis en place par les Américains valorisant, bien entendu, le travail accompli par leurs soins. N'oublions pas que beaucoup d'Antillais recrutés par la France participèrent au difficile creusage du canal et que nous avons déploré beaucoup de morts dues à la fièvre jaune alors que les Américains avaient en leur possession le remède contre cette épidémie. Puis, nous avons visité les environs : l'Amérique centrale, l'Amérique du Sud jusqu'à l'Argentine où notre séjour fut très agréable. Dans certains endroits du centre de Buenos Aires, nous avions l'impression d'être à Paris, Boulevard Haussmann, une architecture tout à fait semblable… une copie ! Après avoir pris auprès d'une compagnie aérienne un circuit comprenant trois villes, nous nous sommes retrouvés à Salta (haut lieu de la musique folklorique argentine). À partir de là, nous avons loué une voiture et visité quelques villes et villages en nous dirigeant vers le nord (nous arrêtant au tropique du Capricorne) sur l'Altiplano, vers la Bolivie. Dégustant sur notre route, à chaque occasion, une viande délicieuse, (la grande spécialité argentine !), nous croisions des petites églises de couleur blanche et une population à 100% indienne, notamment des femmes coiffées de chapeaux melon et portant bien souvent des nouveau-nés enveloppés dans les jolis tissus du pays. Nous avons passé une nuit dans un petit hôtel. L'hôtelier s'exprimait en espagnol, mais la radio diffusait des informations en langues quechua ou aymara ainsi que de la musique andine. Nous étions vraiment à l'autre bout du monde !

Sur le chemin du retour nous avons survolé la cordillère des Andes, ayant droit à un spectacle merveilleux, puis nous avons fait une escale de quelques heures à Santiago du Chili et à Lima où nous avons passé plusieurs jours. Nous espérions visiter le Machu Pichu, mais ce fut impossible. Nous étions en pleine période où l'organisation d'extrême gauche « sentier lumineux » frappait le pouvoir en s'attaquant aux touristes, commettant souvent des assassinats. Nous avons tout de même visité Lima, le quartier de Miraflores, ses musées et notamment le musée de l'Or ainsi qu'un autre présentant des statuettes d'argile d'origine inca fabriquées sur des thèmes pornographiques.

Enfin, nous nous sommes arrêtés à Quito, une jolie ville perchée dans les montagnes et entourée de volcans, le Cotopaxi étant le plus important. Ses églises anciennes offrent un magnifique spectacle, notamment celle des « compagnons de Jésus », véritable œuvre d'art !

Nous avons effectué une visite chez les Indiens Otavalos, appartenant à la nationalité kichwa (du groupe quechua). Formant l'élite des populations indigènes de la région, ils étaient très appréciés des conquérants espagnols qui les prenaient à leur service et leur confiaient parfois des tâches importantes. Les hommes, très élégants, sont vêtus de blanc et ont des cheveux longs ; les femmes, quant à elles, portent de jolies robes tissées localement et des colliers composés de plusieurs rangées de petites billes de verre trempées par électrolyse dans des bains d'or. Au centre-ville, la statue de Churchill était peinte chaque année d'une couleur différente, ce qui provoquait des plaintes de la part des diplomates britanniques installés à Quito.

De Panama, nous avons fait un bref séjour au Costa Rica, invités par le conseiller Culturel du poste, avant notre retour en France. Quelqu'un manquait cependant, notre cher petit cocker renversé par une voiture au centre-ville de Panama. Nous n'avons malheureusement rien pu faire pour le sauver. Un compatriote, Jean Canavaggio, nous a proposé d'enterrer notre petit animal dans sa propriété au pied d'un palmier : il eut donc droit à une belle sépulture.

Jean Canavaggio, corse ayant quitté Ajaccio après le bac, était un véritable pilier de la communauté française de Panama. Fortuné, il disposait de propriétés en bord de mer. Il était également, en bon corse, amateur d'armes à feu, ce qui nous permettait, avec l'attaché de défense et un garde de sécurité de l'ambassade, d'aller faire quelques séances de tir le samedi dans une des carrières lui appartenant.

PARIS 1991-1994

Après ces années de chaleur humide et d'aventures dignes d'un album de Tintin, nous reprîmes une vie normale. Évoquant Tintin, j'avais un jour demandé à mon ambassadeur s'il avait lu ses aventures. Etrange question... Il n'avait, en tous cas, pas lu *Tintin chez les Picaros*. Je lui ai donc prêté l'album qu'il m'a rendu, en me disant ; c'est tout à fait Panama, trafic d'armes et de drogue. Vive le Général un tel et, pour terminer, vive... tel autre Général, rien n'avait changé.... les bonnes habitudes du pays persistaient. À Panama, le Général Noriega avait succédé au Général Torrijos.

Durant cette période d'environ trois ans dans différents services au quai d'Orsay, espérant obtenir une nouvelle affectation à l'étranger, j'ai d'abord effectué un séjour à la Direction des Affaires Stratégiques et du désarmement, sous les ordres, à l'époque, de Gérard Araud.

Quel plaisir de se retrouver en France !

Un des dossiers qui m'avait été confié durant ce passage à Paris était celui de l'OSCE (Organisation pour la Sécurité et la Coopération en Europe).

Cet organisme dont le siège se trouve à Vienne m'aura donné l'occasion d'y faire quelques déplacements intéressants.

J'ai même à un certain moment dû m'occuper du dossier de « la conférence de Minsk » relatif au conflit entre l'Arménie et l'Azerbaïdjan concernant le territoire du Haut- Karabakh. L'Arménie et l'Azerbaïdjan se sont déclarés en guerre. Trois ambassadeurs devaient gérer ce dossier tâchant d'éviter ainsi une aggravation de la situation : un Russe, un Américain et un Français. A la demande du ministère des Affaires Etrangères, représentant un pays médiateur, je me suis déplacé pour rencontrer à Madrid les présidents des deux pays concernés. Puis, j'ai pris un vol pour Vienne afin d'assister à une réunion de l'OSCE, en présence des trois ambassadeurs constituant le groupe de Minsk. Débordant sur un week-end, mon épouse en a profité pour me rejoindre. Nous avons ainsi eu l'occasion de découvrir cette très jolie ville…

Le château de Shonbrunn abritant les appartements du fils de l'Empereur Napoléon Premier, « l'Aiglon » ainsi que les riches rues piétonnes du centre-ville où se trouve le cabinet du célèbre docteur Freud qui méritait une visite.

Le service auquel j'étais affecté au quai d'Orsay était situé au troisième étage de l'immeuble jouxtant l'hôtel du ministre. Pour y accéder, il fallait emprunter un très long couloir étroit garni d'un tapis rouge.

Beaucoup de discussions avaient lieu dans ce couloir ! Des décisions pouvaient même naître de ces discussions. Les portes des bureaux étaient souvent ouvertes ce qui permettait de voir ceux qui partaient tôt, c'est à dire à dix-neuf heures ! Un bon diplomate devait quitter son bureau vers vingt heures ! En échange, tout le monde arrivait le matin vers dix heures.

Mon chef de service, un jeune énarque qui avait rang de conseiller des affaires étrangères me demanda un matin de faire un télégramme concernant le dossier de l'OSCE dont j'avais la charge. C'était urgent. J'ai donc rédigé mon télégramme dans le sens souhaité. Je l'ai ensuite présenté à mon chef qui y avait rajouté une réflexion personnelle. Je l'ai ensuite présenté à la Direction politique « Europe ». J'ai dû attendre le feu vert du cabinet du responsable des affaires européennes, avant de le présenter au cabinet du Ministre qui se devait, bien sûr, d'y rajouter un commentaire. Je l'ai enfin présenté à nouveau à mon supérieur hiérarchique avant de le transmettre au Service du Chiffre. Ceci est un exemple parmi tant d'autres. Ma hiérarchie m'avait demandé ce travail urgent vers 9h30 du matin, et le télégramme n'est parti que vers 16 heures !

Le film *Quai d'Orsay* dépeint avec véracité ce type de situation où différents services doivent se mettre d'accord sur … une phrase parfois sur un seul mot, avant l'envoi d'un télégramme !

Un bref séjour au ministère aura permis de signaler ma présence auprès de ma hiérarchie, en vue d'une nouvelle nomination qui ne tarda d'ailleurs pas… C'était d'abord Moscou…selon les bruits de couloir, puis, ma direction m'a proposé Kiev, car celui qui avait obtenu Moscou avait eu un piston conséquent ; ce qui ne l'a guère empêché de quitter ce poste au bout de quelques mois !

UKRAINE : 1994-1999

J'ai été nommé Attaché de Coopération auprès de l'ambassade de France en Ukraine.

Marie-Claude n'était pas très enthousiaste à l'idée de cette nomination mais j'ai tout de même accepté car c'était cela ou rien. N'étant pas titulaire, je n'avais pas le choix. Nous n'aurons pas à regretter cette affectation, l'Ukraine étant un pays fort intéressant. Durant mon séjour à Kiev, j'ai été convoqué à Paris afin de passer le concours de titularisation. Ce fut un succès et je suis devenu secrétaire des affaires étrangères.

Arrivés à Kiev, nous nous sommes mis à la recherche d'appartement comme à chaque nomination en poste. L'attaché militaire qui prenait ses congés au moment de notre arrivée a eu l'amabilité de nous installer dans son appartement durant son absence, ce qui nous a permis de chercher tranquillement un logement. Nous avons trouvé un bel appartement à proximité de la superbe cathédrale de Sainte Sophie. Il fallait également chercher une voiture, ce qui fut fait rapidement, avec l'aide des chauffeurs de notre ambassade. Une bonne « Lada jigouli » russe quatre portes en très bon état et à un prix raisonnable m'a été proposée. Une offre intéressante.

L'Ukraine sortait à peine de l'ère soviétique. Les magasins étaient encore pauvrement achalandés et on sentait un climat de méfiance du fait de notre statut d'étrangers. Une voiture dans laquelle se trouvaient deux individus était souvent garée au pied de l'immeuble où nous logions...une habitude qui nous était bien familière !

Une fois logés, nous en avons profité pour visiter cette jolie ville de Kiev et notamment la Laure qui regroupe un certain nombre d'églises, de monastères et le trésor des Scythes[7], et les bords du fleuve Dniepr, impressionnant par sa largeur. En hiver, pris par les glaces, certains le traversent à pied et, munis d'une espèce de vrille y font des trous pour pêcher.

Au mois de janvier, à la date du 17 plus exactement, les habitants de Kiev assistent aux cérémonies organisées pour la bénédiction du Dniepr. Le clergé en tenue d'apparat procède à cette bénédiction du fleuve et bon nombre de kiéviens brisent la glace et se baignent dans une eau glaciale… un spectacle impressionnant qui donne froid à ceux qui ne font que regarder !

L'Ukraine venait d'acquérir son indépendance et parmi les nombreux problèmes auxquels elle devait faire face, se posait celui de la langue. Le Président de l'époque, Koutchma (dont l'épouse était russe), apprenait l'ukrainien. En qualité de président de l'Ukraine, lui-même se devait de parler la langue du pays. Il voulait, par ailleurs, que les cours dans les universités soient dispensés en langue ukrainienne. Echec total ! Les enseignants recrutés en étaient incapables et les étudiants ne comprenaient pas

---

[7] Ensemble de peuples indo-européens d'Eurasie, en grande partie des cavaliers nomades parlant des langues iraniennes. Ils ont connu une apogée entre le VIIe siècle avant J.-C. et la fin de l'Antiquité dans les steppes de l'Eurasie centrale : une vaste zone allant de l'Ukraine à l'Altaï en passant par la Russie et le Kazakhstan. Leurs objets en or sont conservés au musée de l'Ermitage.

l'ukrainien ! Il a donc fallu en revenir à la langue russe ! La langue ukrainienne est essentiellement pratiquée dans l'ouest du pays. Si vous demandez votre chemin à Lvov, il vous faut parler ukrainien. Mais, en grande majorité, la population parle le russe. Il est bien évident que Moscou voit d'un mauvais œil cette indépendance de l'Ukraine qui, ne l'oublions pas, était à l'époque soviétique, parmi les quinze républiques, la première de l'Union et la plus riche : grenier à blé et constructeur d'avions gros porteurs de marque Antonov, de blindés, de missiles en tous genres fabriqués à Dnipropetrovsk, ainsi que de fusées intercontinentales.

Le partage de la flotte de la mer Noire stationnée en grande partie à Sébastopol

Les deux pays étant séparés, il convenait d'aborder cet important problème. Les Russes proposaient le financement à parts égales de la maintenance de la flotte. Les Ukrainiens ont répondu qu'ils n'en avaient pas les moyens.

En 1991, au moment de la dislocation de l'URSS, les Russes ont proposé d'assurer à eux seuls la totalité de ces frais de maintenance moyennant leur présence à Sébastopol devenant ainsi territoire militaire russe ! Tous les bâtiments de cette flotte battaient pavillon russe ou ukrainien y compris un bon nombre de sous-marins alignés sous bonne garde dans le port de Sébastopol. L'Ukraine avait obtenu 17% des bâtiments et la Russie 83%, soit 338 navires totalisant les forces navales russes en mer Noire. Les effectifs militaires russes étaient d'environ 24 000 hommes.

La Crimée (avant sa récente annexion par la Russie en 2014)

Pendant mon séjour en Ukraine, le climat était chaud, la Crimée réclamait son autonomie et arborait son pavillon.

Mon épouse et moi avons réalisé plusieurs voyages en Crimée. Nous prenions un train de nuit en gare de Kiev pour Simferopol. Le trajet durait la nuit entière avec quelques arrêts sur le trajet ce qui permettait à des marchands ambulants de proposer aux voyageurs des fruits et pendant la saison concernée des cerises tressées d'une manière très artistique.

Arrivés à destination dans cette petite ville très animée, sa gare, sa place du marché, nous allions directement à l'agence où j'avais réservé depuis Kiev une voiture puis nous prenions sans tarder la route de Yalta, une jolie petite route où la végétation rappelait le maquis corse longeant la mer d'un bleu intense ! Yalta est une belle petite ville bordée d'énormes cyprès. Nous y avons effectué plusieurs visites.

Tout d'abord la salle où s'est tenue la fameuse conférence de Yalta et où sont encore en évidence les drapeaux signalant les nations participant à la conférence ainsi que les appartements attribués aux chefs d'état concernés durant leur séjour.

La maison d'Anton Tchekhov qui surplombe la ville et sa cerisaie rendue célèbre par sa pièce de théâtre, enfin, le musée consacré à l'écrivain où le personnel vous parle de lui avec le même enthousiasme que s'il s'agissait d'un parent proche !

Puis le palais, résidence d'été des tsars et le chemin de ronde en bord de mer marqué par de petits belvédères espacés de 500 mètres les uns des autres. Une promenade bien agréable qu'empruntaient les tsars.

Visite aussi de « Batchi Serai » située au sud-ouest de Sébastopol qui fut autrefois le fief des tatars de Crimée avant les purges staliniennes. Cette localité visitée par Pouchkine qui écrivit quelques vers exposés près de la célèbre fontaine de ce lieu compte actuellement 5 à 6000 habitants en majorité tatars et juifs.

Après, nous faisons route vers notre prochaine escale : Sébastopol.

Avec en premier lieu la visite du port où étaient alignés côte à côte les bâtiments de la fameuse flotte de la mer Noire battant en alternance pavillon russe ou ukrainien. On pouvait par ailleurs apercevoir les nombreux sous-marins stationnés dans le port.

Chose étonnante, il n'y avait aucune interdiction : tout un chacun avait accès à ces navires de guerre, en territoire militaire ! Sébastopol est donc une base navale russe. 20 000 hommes sont autorisés à y stationner.

Venons-en donc à notre prochaine visite (historique) : le site du siège de Sébastopol. Ce site est pratiquement resté intact, les maigres fortifications construites durant le siège n'ont pas bougé. Les emplacements où se trouvaient des pièces d'artillerie sont restées en place et surprise : une plaque de bronze indique l'emplacement d'une pièce d'artillerie commandée par l'écrivain Léon Tolstoï.

Enfin, il était intéressant de voir les différents champs de bataille qui entouraient la ville : Balaklava, Alma etc.

Les habitants de la région, chose étonnante, ne connaissent pas l'histoire de leur pays. Lorsqu'ils sont interrogés, Balaklava ne signifie rien pour eux. C'est pourtant là que s'est déroulée une des grandes batailles de cette guerre. Les Russes ont tenté, en vain, d'empêcher les Britanniques de débarquer vivres et munitions. Le régiment écossais des *Argyll and Sutherland Highlanders* a livré bataille avec succès. Un tableau célèbre *The thin red Line* illustre ce fait d'armes. Il faut malheureusement citer la désastreuse charge de la cavalerie légère britannique menée par un certain Lord Cardigan. On a fait de cette charge un symbole de l'absurdité de la guerre ! Les zouaves de l'armée française ont pour leur part réussi une spectaculaire prise de canons à l'armée russe. La bataille de l'Alma en 1854 aura finalisé une victoire franco-britannique contre les Russes.

Il convient également d'évoquer un fait dont on ne parle jamais. À la suite d'une violente tempête, le naufrage, en 1855 d'une frégate de la marine française : la Sémillante faisant route vers la Crimée, s'est fracassée au large des îles Lavezzi (au sud de la Corse) en évitant un passage difficile à l'approche des côtes de Sardaigne. Ce bâtiment transportait des vivres, des renforts de troupes et du matériel militaire. Sur les 773 hommes se trouvant à bord, il n'y eut aucun survivant. Un petit cimetière sur les îles Lavezzi abrite les quelques corps qui ont pu être retrouvés. Tout bâtiment de la marine nationale faisant route dans les parages marque un arrêt et donne quelques coups de sifflet selon la tradition en hommage aux disparus de la Sémillante.

La République autonome de Crimée, région autonome d'Ukraine, majoritairement russophone, en proie à des tensions séparatistes cherchait à se distancer du reste de l'Ukraine.

Le 23 février, erreur fatale de la part des dirigeants ukrainiens, le statut du russe comme langue régionale protégée est aboli par le Parlement, ce qui engendra des affrontements violents[8].

---

[8] 18-23 février 2014 : révolution de Maïdan ou de la dignité. Il s'agit d'émeutes à Kiev après la décision du président de suspendre l'accord d'association de l'Ukraine avec l'Union Européenne et de relancer un dialogue actif avec Moscou. Le gouvernement est destitué.

Des hommes habillés en vert, armés, ne portant pas d'uniformes apparaissent, les drapeaux russes et Criméens foisonnent. On assiste à la prise des bâtiments officiels. En mars, le parlement de Crimée demande à Moscou son rattachement à la Russie !

Le 16 mars 2014 est organisé par la Russie un référendum d'autodétermination en Crimée. Après le référendum, tout sera mis en œuvre par les Russes pour protéger la Crimée, considérée comme territoire russe. Les militaires ukrainiens sont brutalement expulsés de Crimée. Je souligne au passage la brutalité des forces militaires russes prenant possession des bâtiments de la flotte ukrainienne. Ces actes allant jusqu'à humilier les officiers de la marine ukrainienne marquaient le mépris des officiers russes à l'égard d'officiers de même rang. Les Américains semblent cependant faire de la provocation lorsqu'un destroyer s'approche régulièrement des côtes de Crimée. Dès ce moment, une défense antimissiles efficace y a été installée. Les nations occidentales condamnent ce qu'elles considèrent comme un coup de force de Vladimir Poutine, pourtant, l'annonce de la fusion a laissé place à de nombreuses scènes de liesse en Crimée !

Indépendamment des graves problèmes politiques que connaissait l'Ukraine, il faut citer des problèmes de société non négligeables : la drogue, les conséquences de la catastrophe nucléaire de Tchernobyl…

Le fléau de la drogue

Le trafic de drogue allait bon train et le pays battait les records d'une jeunesse sous l'emprise de la drogue. Les Nations Unies avaient organisé, au profit des ambassades présentes dans le pays, un bref voyage à Odessa afin d'aller constater l'ampleur du fléau. Mon épouse et moi avons participé à cette triste expérience !

À bord de véhicules anonymes, nous nous sommes rendus, en présence de policiers en civil, dans un quartier où des femmes tziganes apparaissent à l'entrée de leur immeuble munies de bocaux contenant de la drogue sous une forme liquide. Elles attendent leurs clients qui ne tardent pas à se présenter afin de recevoir, moyennant finances, leur piqûre quotidienne !

Outre l'effet de la drogue sur ces individus, il faut prendre en compte le risque probable de contagion du fait des seringues utilisées à maintes reprises, certainement infectées !

La police nous a ensuite conduits dans des sous-sols occupés par des jeunes gens affalés à même le sol et pratiquement inconscients sous l'effet de la drogue... un spectacle affligeant !

La « pervitine » substance dévastatrice fabriquée avec les moyens du bord (facile à faire soi-même), fauche la jeunesse et les couches sociales déclassées, en Moldavie, en Ukraine, et en République Tchèque.

La catastrophe de Tchernobyl

L'Ukraine a dû faire face à un accident nucléaire majeur qui a commencé le 26 avril 1986. 50 000 habitants n'ont pas bénéficié d'une distribution de pilules d'iode.

Cinq millions de personnes continuent de vivre actuellement dans les zones polluées. La ville de Pripyat « ville fantôme » a été évacuée, et ce, pour toujours. Cette ville des plus modernes avait été construite pour les travailleurs de la centrale. L'évacuation concernait les personnes vivant en zone interdite (dans un rayon de 30 km autour de Tchernobyl).

Prenant modèle sur les habitants de Kiev, nous allions au marché acheter fruits et légumes munis d'appareils capables de détecter toutes radiations.

Le pays a connu l'une des plus terribles catastrophes nucléaires civiles de notre histoire. 4000 cancers de la thyroïde ont été officiellement diagnostiqués. On a compté plus d'un million de morts selon les études effectuées par les chercheurs russes, biélorusses et ukrainiens.

Beaucoup d'enfants ont été atteints de ce cancer. Notre ambassade, en collaboration avec le professeur André Aurengo, chef du service de médecine nucléaire du groupe hospitalier de la Pitié-Salpêtrière (Paris) a largement apporté son aide en finançant les voyages et séjours de jeunes patients amenés à être soignés en France. Le professeur Aurengo a effectué des voyages fréquents à Kiev. Il faut également rappeler les quelques visites de Bernard Kouchner durant son mandat de ministre de la Santé. Des examens ont été pratiqués à Kiev sur beaucoup d'enfants à l'occasion d'une campagne de dépistage du cancer de la thyroïde.

Depuis son indépendance, l'Ukraine a donc dû faire face à des problèmes majeurs, sans compter les incursions de milices armées dans l'est du pays, la région du Donbass, notamment, avant les événements du Maïdan.

Parmi les dossiers que j'avais à traiter venait en tête celui des militaires ukrainiens qui, à la suite de tous ces événements se retrouvaient totalement démunis. Avec l'aide d'organismes français de coopération, il a été possible, pour certains, de retrouver un travail. Une tâche bien difficile ! Nous avons malgré tout enregistré durant cette période, chez les militaires, un nombre important de suicides.

En attente de la nomination d'un attaché de police à Kiev, j'avais la charge de ce dossier. J'étais ainsi en contact permanent avec le ministère ukrainien de l'intérieur et les services d'Interpol. Pour la partie française, j'étais en relation avec le SCTIP (la police scientifique), pour qui je préparais des réunions qui devaient se tenir durant les missions de policiers français en Ukraine. Ce dossier était sous ma responsabilité jusqu'à l'arrivée d'un attaché de police qui avait rang de commissaire. Les thèmes de cette coopération étaient essentiellement le trafic de drogue qui concernait parfois de hautes personnalités de l'Etat.

Voyage à l'est du pays…

Kharkov, à 50 km de la frontière russe, en compagnie de notre conseiller commercial qui occupe actuellement un poste très important, en relation avec la Russie, pour la firme Alstom.

Cette mission se situe à une période où de nombreuses boutiques ouvraient leurs portes souvent pour peu de temps… Blanchiment d'argent ? Actions de la Mafia ?

Nous avions un rendez-vous avec un jeune entrepreneur voué à de multiples affaires : pétrole, vêtements de marque, et surtout spécialisé dans la vente de véhicules Renault de luxe. Il nous avait proposé, de nous envoyer son avion personnel à l'occasion de notre prochain voyage à Kharkov. Nous avons appris quelques semaines plus tard que son avion avait été plastiqué et qu'il avait péri lors d'un de ses vols ! La Mafia, éliminant un concurrent, avait accompli son œuvre.

Visite officielle du Président Jacques Chirac à Kiev (été 1999)

Le Président Jacques Chirac accompagné de son conseiller politique Jean-David Levitte (avec qui j'avais travaillé lorsqu'il était responsable de la Direction Générale des Affaires culturelles) et d'Hubert Védrine, alors ministre des Affaires Étrangères, avait effectué, en 1999, une visite officielle à Kiev. Jean-David Levitte avait ensuite été nommé conseiller politique auprès de l'Elysée, puis, ambassadeur de France aux Etats Unis.

J'ai pu réaliser pour la seule fois dans ma carrière ce qu'était une visite présidentielle au niveau d'une ambassade ainsi que les nombreux préparatifs accompagnant ce déplacement. La visite d'un chef d'Etat doit être calculée à la minute près. Des agents du ministère font le voyage quelques jours avant et calculent le temps que mettra le Président pour aller d'un point à un autre lors des visites prévues, ainsi que le temps qui pourra être consacré à la communauté française.

J'ai eu, pour ma part, le privilège de pouvoir m'entretenir avec le Président en privé. Il m'avait fait part de ses contacts avec mon parent, René Tomasini, ex-ministre de l'information, « pilier du RPR » emporté, en pleine séance de l'assemblée nationale, par une crise cardiaque (en 1983). Il a également évoqué la mère du ministre décédée à l'âge de cent deux ans, à qui mon épouse et moi avions l'habitude de rendre visite chaque année lors de nos brefs séjours en Corse. Un mur entier de cette maison était couvert de photos de personnalités politiques ayant rendu visite à Madame Tomasini !

Les deux derniers postes dans lesquels j'ai été nommé, avant ma retraite, étaient des dictatures installées dans d'anciennes républiques soviétiques. Ces dictatures avaient à leur tête des apparatchiks de l'époque soviétique.

L'Ouzbékistan, d'abord où le poste a fait l'objet de nombreuses « missions » à commencer par la visite de sénateurs accompagnés par M. de Villepin (père). Après trois ans passés dans le pays, ce fut un retour à Paris, affecté à la Délégation à l'Action Humanitaire avant une nouvelle affectation et dernier départ à l'étranger… le Turkménistan… à nouveau dans les steppes de l'Asie centrale, une route traversant la steppe depuis Achgabat jusqu'aux rivages de la mer Caspienne où l'on ne croise que des dromadaires en liberté.

OUZBÉKISTAN 1999-2002

L'Ouzbékistan, tout d'abord, ex-République soviétique connue pour ses mosquées et autres sites liés à la « route de la soie ». Les villes principales, Boukhara et Samarcande, célèbres pour leurs monuments d'architecture islamique. Citons la forteresse de Boukhara construite au XVIe siècle qui fut pendant longtemps la résidence des émirs jusqu'en 1920 date de la destitution du dernier par les forces russes, puis Samarcande et Khiva véritables musées à ciel ouvert, et l'admirable site de Gonour.

Enfin, la mer d'Aral, un spectacle désolant : de nombreux bateaux échoués dont les portes des cabines battues par le vent émettent un grincement inquiétant. Beaucoup de « spécialistes » visitant les lieux prétendaient avoir une solution pour mettre fin à ce cauchemar... Chacun avait son mot à dire et si, tous ceux qui avaient soi-disant trouvé des solutions avaient apporté, ne serait-ce qu'un seau d'eau, la mer d'Aral déborderait !...

Les membres de notre ambassade étaient souvent contraints d'accompagner les délégations de notre ministère sur certains de ces sites.

N'oublions pas, cependant, que ce charmant pays abritait une dictature dirigée d'une main de fer par Islam Karimov.

Rappelons le massacre, en 2005, de 700 personnes qui manifestaient dans le Ferghana (foyer de rébellion contre le régime en place). L'armée avait tout simplement eu ordre de tirer sur la foule. Karimov interrogé à ce sujet avait déclaré que lorsqu'un ordre de ce type était donné à l'armée, rien ne pouvait l'arrêter !

Washington avait aussitôt réagi en rompant pendant deux ans ses relations diplomatiques avec le pays. L'Union Européenne avait, pour sa part, rappelé les ONG en place dans le pays.

Mon épouse et moi en avons profité pour visiter quelques sites, le Ferghana ainsi que le Kirghistan, notamment la visite d'un merveilleux lac, le lac Izikoul, bordé de montagnes formant limite avec la Chine. L'habitat de cette zone bordant ce lac est constitué de petites « datchas » de style russe !

Nous avons assisté à ce qui est appelé le « bouss-kachi », un sport dangereux pratiqué par des hommes à cheval parfois au nombre de cent qui essaient d'arracher une baudruche (souvent la dépouille d'un mouton) entre les mains d'un cavalier. Il convient de rester à proximité des voitures garées afin de pouvoir s'abriter, le cas échéant, les chevaux pouvant charger à tout moment dans n'importe quelle direction. Cette coutume pratiquée dans toute l'Asie centrale connait un vif succès ! L'écrivain Joseph Kessel en fait une bonne description dans ses écrits *Les cavaliers*, et *La passe du diable*.

Visite officielle de Vladimir Poutine en Ouzbékistan

Il a été reçu par le président Islam Karimov. Mon ambassadeur étant absent pour raisons professionnelles, j'ai dû, au nom de notre ambassade, participer à un dîner où l'invité de marque était

Vladimir Poutine, qui, peu de temps après son investiture, avait choisi l'Ouzbékistan, son principal partenaire de la région dans la lutte contre le terrorisme, pour première visite officielle.

Après un bref discours de bienvenue prononcé par Karimov, la parole fut donnée à Poutine. Un orchestre de musique traditionnelle animait la soirée. Je partageais une table avec l'ambassadeur de Grande Bretagne. J'ai pu voir le Président russe de très près ... un petit homme déterminé, un regard glacial !

Karimov, président depuis trois décennies semblait ravi de marquer son attachement au « Grand frère ». Pour le Président Poutine, l'Ouzbékistan représentait un pays allié et ami !

Le service d'ordre, depuis le lieu de réception jusqu'à l'aéroport était chargé d'unités spéciales assurant la protection des deux chefs d'état ... Impressionnant à voir !

Poutine disposant de peu de temps avant de rejoindre son avion avait ainsi privé l'assistance d'une partie du dîner !

PARIS 2002-2005

Malgré les nombreux voyages effectués quand nous étions en poste, Marie-Claude avait organisé plusieurs déplacements depuis Paris, à Londres pour mes 60 ans puis à Rome.

Sachant que j'adorais la Grande-Bretagne, Marie-Claude m'avait fait la surprise de fêter mes 60 ans à Londres. Tout était bien organisé par ses soins : l'Eurostar, l'hôtel… Nous avons fait un tour à Porto Bello Road, une visite au musée ouvert récemment dans le palais de Buckingham où l'on peut voir tous les cadeaux offerts à la reine par de nombreux souverains et enfin nous avons assisté à la relève de la garde.

Nous sommes ensuite allés à Rome. Marie-Claude connaissait déjà la ville et a pu ainsi faire un plan de visites que nous avons pu effectuer depuis un hôtel situé au centre de la ville, près de la gare qui, depuis l'aéroport vous amène au cœur de la ville. Nous avons profité de tous les magnifiques monuments.

TURKMÉNISTAN 2005-2008

Le Turkménistan, mon dernier poste avant d'être admis à la retraite du corps diplomatique en 2008 en qualité de conseiller (n°2 à l'ambassade).

L'ambassade, à Achgabat, était située au troisième étage de l'hôtel Akaltyn, un des plus grands de la ville. À ce même étage se trouvait l'ambassade de Grande Bretagne avec laquelle nous entretenions de très bonnes relations. Nos contacts avec les autorités turkmènes, notamment le personnel du MID (ministère des Affaires Étrangères) étaient également excellentes. Parler le russe, langue officielle de l'administration locale, facilitait les choses ! Le pays, du fait de ses importantes ressources en gaz faisait l'objet de nombreuses visites de la part de chefs d'Etat étrangers, ou de délégations. Le corps diplomatique étranger était systématiquement convié à ces rencontres, les autorités turkmènes désirant montrer que le pays était en relation avec de grandes puissances : Etats-Unis, Russie, ainsi que les pays européens. Les personnalités reçues étaient le Roi de Jordanie, le chef de la République islamique d'Iran (Ahmadinejad) et bien d'autres... J'ai eu le plaisir de retrouver mon ami Olivier Lecomte responsable de la délégation archéologique chargée de fouilles dans le pays sur un site se trouvant à une heure d'Achgabat, Ulug Depe et c'était l'objet, à mes moments perdus, d'agréables visites, malgré une température élevée. Le site d'Ulug Depe était situé près des monts du Kopet Dagh séparant le sud du Turkménistan de l'Iran près du désert du Karakoum. Rappelons que le Turkménistan et l'Iran ont une frontière commune de 1500 km. Les archéologues étaient en partie logés dans des yourtes, l'habitat classique de la région.

Ulug Depe constitue un site majeur dans le contexte actuel en raison de sa surface d'environ 13 hectares, très peu fouillés avant l'équipe franco-turkmène actuelle. Il est rattaché à Gonour Depe (fin du IIIe millénaire à 1700 av. J.-C. âge de la transition bronze-fer) fouillé pendant près de 30 ans par un archéologue soviétique nommé Sarianidis.

Autre visite non négligeable : la ville de Nissa, siège de Mithridate (roi de Nissa) à une quinzaine de kilomètres de la capitale, Achgabat.

Le site établi sur un tertre dominant le désert du Karakoum faisant penser à un paysage lunaire était l'ancienne capitale parthe. Elle avait fait l'objet d'une complète restauration avant la visite officielle du Président François Mitterrand.

Autre visite fort intéressante, obtenue grâce à une connaissance employée au sein de l'administration turkmène, un privilège : les écuries privées du chef de l'Etat. On y voyait notamment les magnifiques chevaux de race Akal Teke dont un avait été offert au Président Mitterrand lors de sa visite officielle effectuée dans le pays. Le site de Nissa (Mithridate) avait été restauré en vue de cette visite.

Le chef de l'Etat, chef des armées avait un goût prononcé pour les démonstrations militaires, défilés, manœuvres auxquelles le corps diplomatique était convié. Chars enterrés invisibles et ne ratant jamais leurs cibles, parachutages de troupes sur des points précis, etc.

Indépendamment des soirées officielles marquant les fêtes nationales de chacune des ambassades présentes à Achgabat, chaque ambassadeur organisait des petites soirées privées.

Enfin, venaient les soirées bien tristes où, en contact avec notre ministère de La Défense, nous devions demander au ministère local des Affaires Etrangères des autorisations de survol du territoire turkmène pour nos avions de notre base provisoire au Tadjikistan, le but étant de rapatrier les dépouilles de nos soldats morts au combat en Afghanistan. Cela pouvait avoir lieu à n'importe quelle heure du jour ou de la nuit. Parlant le russe, j'étais directement sollicité.

Ce dernier poste, au Turkménistan, aura été dans le pays le plus fermé de tous les pays où j'ai servi, en qualité de premier conseiller. Ce pays a été taxé de « cancre des droits de l'homme ». Indépendant depuis 1991, tenu d'une main de fer par son Président Tukmenbachi, le « guide des Turkmènes », qualifié d'autocrate mégalomane aux méthodes staliniennes. Le culte de la personnalité battait son plein ! Il était chef de l'Etat, chef du gouvernement, commandant suprême de l'armée et président du parti démocratique, le seul parti autorisé dans le pays. Turkmenbachi était considéré comme l'un des dictateurs les plus autoritaires du monde ! Un ouvrage intitulé « le RUHNAMA » qui avait pour auteur le Président en personne, était devenu l'œuvre du siècle obligatoire dans les épreuves universitaires !

Un exemplaire a même été envoyé dans l'espace par voie satellitaire, depuis la base de Baikanour au Kazakhstan ! Ce livre était une sorte de guide que tout citoyen turkmène se devait d'avoir lu. Les étudiants ne pouvaient obtenir leur diplôme que s'ils avaient lu l'« œuvre sacrée » du Ruhnaa.

Une superbe statue de Turkmenbachi, grandeur nature et plaquée or, tournait sur elle-même au centre-ville. Chaque magasin devait afficher le portrait du dictateur. Dans le cadre de nos activités culturelles, une pianiste invitée par le service culturel avait manifesté le souhait de faire décrocher le portrait du Président qui se trouvait sur la scène. Malheur ! Il ne fallait surtout pas toucher à cela. Nous avons dû discuter avec les responsables du ministère de la Culture pour nous disculper, inventant une raison qui avait incité la pianiste à vouloir déplacer ce portrait.

Histoire d'espionnage !

En fin de carrière, j'ai enfin connu mon « heure de gloire ! » La presse française annonçait un beau matin : « Deux Français accusés d'espionnage et d'activités subversives ». Un Français travaillant pour l'OSCE et moi-même avions supporté cette accusation. Personnellement convoqué à plusieurs reprises par le ministre des Affaires Étrangères, je devais répondre aux questions qui m'étaient posées.

J'aurais cherché (en collaboration avec un Français travaillant pour l'OSCE) à acquérir du matériel de nature diffamatoire destiné à des services spéciaux étrangers et des centres subversifs ! Le Président turkmène s'était exprimé en ces termes : « Ils doivent être expulsés, sinon, si nous prétendons ne rien voir, ils commettront des actes bien pires ».

Il m'avait été reproché d'avoir remis des appareils vidéo à un journaliste turkmène afin de lui permettre de filmer secrètement des lieux de détention et des bâtiments appartenant à l'armée et aux organes de sécurité. Le Quai d'Orsay a démenti ces accusations et appelé Achgabat à honorer ses engagements en matière de liberté de la presse, rappelant que le pays avait ratifié, notamment, le pacte sur les droits civils et politiques des Nations Unies, ainsi que tous les autres textes internationaux en la matière.

J'ai reçu bon nombre de messages de sympathie de la part de mes collègues du Quai d'Orsay et du corps diplomatique étranger, sur place, à Achgabat. Les autorités turkmènes auraient pu m'expulser, me considérant comme *personna non grata* mais, occupant à ce moment-là les fonctions de chargé d'affaires, une rupture de relations diplomatiques entre les deux pays aurait pu en résulter.

Les quotidiens de la presse française ont bien évidemment commenté cette affaire, en publiant des manchettes en ces termes : « Deux français accusés d'espionnage ! »

En fait, dans le cadre de nos coopérations avec les milieux journalistiques de bon nombre de pays, il nous arrive fréquemment d'offrir du matériel informatique. Ce qui fut le cas pour des journalistes locaux qui manquaient de matériel pour terminer une séquence de l'émission « envoyé spécial » à laquelle ils participaient.

A la suite de ces accusations, j'ai vécu un véritable « roman d'espionnage ». Sur écoute, comme il se doit, suivi dans mes déplacements etc… Une Mercedes noire aux vitres teintées était souvent garée devant mon domicile et, comme par hasard, deux ouvriers refaisaient le mur de mon jardin qui donnait directement sur la rue.

Dans le même temps, une journaliste locale emprisonnée a été retrouvée morte dans sa cellule avec des hématomes sur tout le corps. Les autorités ont fait croire qu'elle avait été battue par d'autres détenus. L'ambassade américaine m'a demandé copie de l'autopsie effectuée, sans résultat malgré les promesses du gouvernement.

En tant que « chargé d'affaires » et compte tenu de l'absence de l'ambassadeur, je me devais d'organiser, la célébration de notre fête nationale, le 14 juillet. J'avais donc tout prévu, comme tout chef de poste le faisait chaque année.

J'avais loué pour une soirée le rez-de-chaussée de l'hôtel Ak Altyn et son superbe jardin. Selon la coutume, j'avais convié à un dîner, tous les responsables du corps diplomatique étranger représenté dans le pays ainsi que les autorités turkmènes avec lesquelles nous étions en contact permanent. Après un discours faisant un bref bilan de notre action dans le pays et m'adressant aux responsables du pays, j'ai prié toute l'assistance de passer à table. J'ai pu alors constater que seuls les diplomates étrangers étaient présents ! Aucune autorité turkmène n'avait répondu à mon invitation suite évidemment à mon affaire d'espionnage…

La soirée se déroula malgré tout normalement ! Ce ne fu pas cependant un 14 juillet comme les autres pour une ambassade de France !...

Décès et funérailles de Turkmenbachi « le guide des turkmènes »

22 décembre 2006.

Ce matin-là, un matin comme les autres, je me rendais à mon lieu de travail. Notre ambassade était encore logée au troisième étage de l'hôtel Ak Altyn, un bel hôtel moderne situé au centre-ville.

La rue était silencieuse. Un calme inhabituel. J'avais croisé mon collègue britannique dont l'ambassade se trouvait également au 3ème étage. Il m'annonça la nouvelle suivante : Es-tu au courant ? Le président Turkmenbachi est mort cette nuit, emporté par une crise cardiaque. Son cardiologue allemand qui vient régulièrement à

Achgabat pour le soigner n'a rien pu faire pour lui. Le président était la proie d'un grave problème cardiaque. Cette nuit-là, mon épouse revenait à Achgabat et, à cause d'une météo défavorable, le vol Paris-Achgabat avait été dévié par la Grande-Bretagne. Ce vol devait passer par Birmingham. C'était monnaie courante ! Mon épouse sentait sur ce vol une atmosphère curieuse. Plusieurs passagers en première classe semblaient être protégés par des gardes du corps. Mon épouse a appris en parlant avec l'un d'eux que le chef de l'Etat était décédé et que son épouse et sa fille qui vivaient en Grande-Bretagne revenaient à Achgabat par ce vol, pour les funérailles. À l'arrivée, une Mercedes noire attendait la famille du président.

On aurait dit que le pays était paralysé ! Pas de circulation, pas de véhicules militaires dans les rues, donc, pas de coup d'état en vue ! Mon ambassadeur qui venait de quitter le pays pour un congé, s'était vu contraint de revenir, à la demande du Quai d'Orsay prévenu de la situation. J'ai aussitôt pris contact avec M. Morel, ex-ambassadeur de France à Moscou qui effectuait, à ce moment-là, une mission à Achgabat pour le compte de la Commission Européenne.

Ce calme surprenait tout le monde.

Les funérailles du chef de l'Etat avaient été organisées avec un cérémonial fastueux, comparables aux cérémonies déployées lors du décès de Leonid Brejnev à Moscou.

Les diplomates de notre ambassade se devaient d'assister, en tant que représentants officiels d'une nation, aux cérémonies. Nous sommes allés nous recueillir devant le catafalque sur lequel reposait la dépouille du défunt. Après avoir donné des couronnes de fleurs aux militaires postés autour de la dépouille du Président (l'une pour l'ambassade, l'autre pour l'Union Européenne), nous avons rejoint les personnalités présentes. Il neigeait. Des marches funèbres accompagnaient la cérémonie. Nombreuses étaient les délégations. Les plus importantes étant les russe, chinoise et turque…

Marie-Claude regardait la cérémonie à la télévision. Elle me fit remarquer que j'aurais pu cirer mes chaussures, oubliant qu'il neigeait et que celles-ci ne pouvaient pas être propres.

Une haie d'honneur était formée par des militaires vêtus de longs manteaux gris (uniformes de l'époque soviétique), immobiles sous la neige. La cérémonie s'était déroulée en deux temps. Le cercueil recouvert du drapeau national fut d'abord placé sur une prolonge d'artillerie puis conduit jusqu'à la mosquée et, enterré selon le rite musulman en présence des importantes délégations qui formaient le cortège. Cette superbe mosquée avait été spécialement construite par la firme Bouygues sur une commande personnelle du chef de l'Etat.

Après cette journée solennelle, mon épouse eut l'idée d'inviter à dîner à notre domicile mon ambassadeur, l'ambassadeur en mission pour l'UE ainsi que celui de Grande-Bretagne avec qui nous entretenions d'excellentes relations.

En 2007, mon épouse et moi avons eu la chance de retourner à Moscou, dans le cadre de la présidence française de l'Union Européenne. Notre ambassadeur à Moscou avait souhaité réunir les attachés de presse des pays voisins selon les instructions du Quai d'Orsay et mon ambassadeur m'avait demandé d'aller à Moscou assister à ces réunions.

Quelle chance ! L'hôtel, situé entre la Place Rouge et le théâtre Bolchoï, au cœur de Moscou, n'était autre que l'hôtel Métropole où nous nous sommes connus, mon épouse et moi. Une belle bâtisse, un hôtel particulier construit en 1905. Les décors du Bolchoï pour les opéras russes étaient des décors à l'ancienne représentant souvent des églises couvertes de neige. Le même décor (réalité) nous était donné au sortir du théâtre, dans les rues de Moscou !

Marie-Claude en a profité, avec les épouses de quelques collègues, pour se promener en ville et découvrir les rénovations faites à Moscou qui est devenue une très jolie ville ! Nous en avons profité pour faire un tour au marché aux puces et ramené une petite icône que nous avons miraculeusement pu passer à la douane, les douaniers étant occupés ailleurs...

2008 marquait la fin de ma mission au Turkménistan et mon admission à la retraite du corps diplomatique. Selon la coutume, mon ambassadeur avait prévu pour moi un pot de départ accompagné d'une remise de vêtements traditionnels turkmènes. Mon épouse, malgré la fatigue due à sa maladie, avait fait l'effort d'un long voyage pour être présente à ce pot de départ marquant la fin de ma carrière diplomatique, et de nos séjours à l'étranger sur un plan professionnel !

ANNEXES

Deux Français accusés d'espionnage, Paris dément

Par lefigaro.fr (avec AFP et AP)
Publié le 20/06/2006 à 06:00 , mis à jour le 15/10/2007 à 17:36

Espionnage et activités subversives : telles sont les accusations portées mardi par le Turkménistan à l'encontre de deux Français travaillant dans cette ancienne république soviétique d'Asie centrale....

Espionnage et activités subversives : telles sont les accusations portées mardi par le Turkménistan à l'encontre de deux Français travaillant dans cette ancienne république soviétique d'Asie centrale. Selon le ministre de la Sécurité nationale, Henri Tomasini, conseiller culturel à l'ambassade de France, actuellement chargé d'affaires en l'absence de l'ambassadeur et Benjamin Moreau, de la mission de l'Organisation pour la sécurité et la coopération en Europe (OSCE), auraient cherché à acquérir du « matériel vidéo de nature diffamatoire et provocante destiné à des services spéciaux étrangers et des centres subversifs ». Au regard de ces accusations, le président turkmène Saparmourat Niazov, a prôné leur expulsion. « Toutes les actions contre le pays devaient faire l'objet d'une enquête et d'une évaluation sur le plan politique. Ils doivent être expulsés, sinon, si nous prétendons ne rien voir, ils font des choses pires ». Le pouvoir leur reproche d'avoir « remis des appareils vidéos secrets à un ressortissant turkmène afin de lui permettre de filmer secrètement une imitation de rassemblement de personnes mécontentes, des lieux de détention, et des bâtiments appartenant à l'armée et aux organes de sécurité ».

Le Turkménistan, cancre des droits de l'homme

De son côté, le Quai d'Orsay n'a pas tardé à exprimer un vif démenti. « Le matériel transmis était du matériel audiovisuel standard qui ne peut en aucun cas être destiné à un quelconque autre usage », a assuré le porte-parole du ministère des Affaires étrangères pour qui les accusations « d'activités illégales » sont « totalement infondées ».

« Nous facilitons ce genre de coopération technique avec un nombre important de pays dans le monde sans que cela ne pose aucun problème », a-t-il poursuivi, avant de préciser que le ressortissant turkmène montré du doigt était « quelqu'un avec qui l'ambassade avait déjà été en contact, qui avait déjà eu des contacts avec un certain nombre de médias français intéressés par des reportages sur le Turkménistan. C'est dans ce cadre-là que ce matériel lui a été remis ». Le Quai d'Orsay n'a toutefois fait aucun commentaire sur le cas de Benjamin Moreau. A Vienne, l'OSCE est restée peu diserte sur le sujet mais a noté que ce dernier « travaillait normalement (mardi) au centre » de l'organisation à Achkhabad, la capitale turkmène. Indépendant depuis 1991, le Turkménistan est un des régimes les plus fermés au monde, tenu d'une main de fer par son président qualifié « d'autocrate mégalomane aux méthodes staliniennes », par window.open ('http://www.rsf.org/article.php3?id_article=10659'); Fort de ce constat, le ministère des Affaires étrangères a notamment appelé Achkhabad à honorer ses engagements en matière de liberté de la presse, rappelant que le pays avait ratifié notamment le pacte sur les droits civils et politiques des Nations unies » ainsi que tous les autres textes et traités internationaux en la matière ».

https://www.lemonde.fr/europe/article/2006/06/20/deux-francais-accuses-d-espionnage-au-turkmenistan_785667_3214.html

Deux Français accusés d'espionnage au Turkménistan

Les autorités du Turkménistan ont accusé, dans la nuit de lundi à mardi, le diplomate français Henri Tomasini et le collaborateur de la mission de l'OSCE (Organisation pour la sécurité et la coopération en Europe) à Achkhabad, Benjamin Moreau, de se livrer à des "activités illégales" contre cette ex-république soviétique d'Asie centrale.

Le Monde avec AFP

Publié le 20 juin 2006 à 11h25, mis à jour le 20 juin 2006 à 11h36

Les autorités du Turkménistan ont accusé, dans la nuit de lundi 19 à mardi 20 juin, le diplomate français Henri Tomasini et le collaborateur de la mission de l'OSCE (Organisation pour la sécurité et la coopération en Europe) à Achkhabad, Benjamin Moreau, de se livrer à des *"activités illégales"* contre cette ex-république soviétique d'Asie centrale.

Mardi matin 20 juin, aucun commentaire n'avait pu être obtenu des deux missions concernées. Toutefois, le responsable du centre de l'OSCE à Achkhabad, Dieter Matthei, a précisé que M. Moreau était de nationalité française. Quant à M. Tomasini, il est chargé d'affaires à l'ambassade de France.

"SEMER LE MÉCONTENTEMENT DANS LA POPULATION"

L'enquête sur les activités des deux hommes, a affirmé le ministre de la sécurité nationale, M. Achirmoukhammedov, a permis d'identifier trois citoyens turkmènes qui *"s'employaient à recueillir illégalement des informations destinées à semer le mécontentement dans la population"*. Il a

129

reproché à M. Tomasini d'avoir *"remis des appareils vidéo secrets au ressortissant turkmène Annakourban Amanguilydjov pour lui permettre de filmer secrètement une imitation de rassemblement de personnes mécontentes, des lieux de détention, et des bâtiments appartenant à l'armée et aux organes de sécurité"*.

Ces renseignements étaient destinés à un Britannique et à une Française qui devaient visiter le Turkménistan en qualité de touristes, a poursuivi le ministre. Pendant un séjour à Achkhabad, en mars 2006, ils auraient donné à M. Amanguilydjov *"des leçons pour se servir d'un appareil vidéo spécial caché dans les lunettes pour prendre des images clandestinement"*.

ACTIVITÉS INSPIRÉES PAR L'OPPOSITION TURKMÈNE ?

Toujours selon M. Achirmoukhammedov, le Turkmène *"a été utilisé par des services spéciaux étrangers"* après avoir reçu une formation lors de sa participation à des manifestations antigouvernementales dans la ville ukrainienne de Donetsk, et lors d'une visite dans une école *"pour la défense des droits humains"* à Varsovie.

Selon lui, ces activités étaient inspirées par des opposants en exil, accusés par Achkhabad d'avoir tenté d'assassiner le président Niazov le 25 novembre 2002 – une tentative suivie d'une vague de répression envers les milieux d'opposition. *"Ces faits seront communiqués aux chefs des missions diplomatiques concernées et entraîneront des mesures adéquates. Personne n'est en mesure de détruire notre pays ni d'empêcher le peuple turkmène de bâtir son avenir pacifique"*, a insisté M. Niazov.

Le Turkménistan est dirigé par le président Saparmourad Niazov depuis la période soviétique. Après l'indépendance du pays, en 1991, il a institué un culte de la personnalité autour de lui et de sa famille, fondant l'un des régimes les plus fermés au monde.

Le Monde avec AFP

Table des matières

Printed in Great Britain
by Amazon